JN069229

インボイス導入で
課税事業者に
なった人のための

はじめての
消費税

経理と申告の基本がわかる本

税理士 山口 拓

日本実業出版社

はじめに

令和５年10月１日に開始されたインボイス制度（適格請求書等保存方式）では、買い手が支払った消費税を納税額の計算上控除する条件として、売り手が交付したインボイスが必要とされました。インボイスの交付は登録を受けた事業者に限定されているため、免税事業者のままではインボイスを交付することができなくなりました。

令和５年12月末時点で、インボイス発行事業者の登録者数は約427万者（国税庁資料）です。課税事業者の多くが登録したのはもちろん、取引先との関係を維持するために、相当数の免税事業者がやむを得ず登録をしなければならなかったと考えられます。

本書は、インボイス発行事業者として登録を行ったため、はじめて消費税の申告事務に対応せざるを得なくなった事業者の方に向けて、消費税の実務で必要とされる知識を習得していただくために執筆しました。そのため、最初から目を通していけば、売上金額の集計で計算が可能な２割特例による申告書を自力で作成できるような構成にしています。

また「忙しくて消費税の本を読んでいる時間がない！」という方のために、項目ごとに重要度の高い順に「★★★」、「★★」、「★」を付けていますので、ご自身の状況にあわせて必要な箇所を効率よく学習することができます。

そもそも、消費税は日常生活ではなじみがあるものの、税理士等の専門家でも間違えるような手続きや課税区分の複雑さが、実務に携わる人々を悩ませています。そこで、単に２割特例で申告できるように申告書の作成のしかたや記載例を示すことに終始するのではなく、事業者自らが申告・納税について納得して決定できるように、消費税という税金の考え方に始まって、ある程度の内容にまで踏み込んで解説しています。

本書を読むことで、申告・納税について自ら有利・不利を判断できるようになって、少しでも読者の方々の事務負担の軽減や事業発展のお役に立つことができれば幸甚に思います。

最後になりましたが、出版に際し、日本実業出版社の編集部のみなさまには、多大なご尽力をいただきました。この場をお借りして、厚く御礼を申し上げます。

令和５年12月

税理士　山口拓

本書の内容は、令和５年12月末日現在の法令等に基づいています。また本書では、相続があった場合などの納税義務の免除の特例、国外事業者から「電気通信利用役務の提供」を受けた場合、調整対象資産を取得した場合の仕入税額の調整など、実務上では希なケースについては内容の記載を省略するか、または最小限の記載に留めています。なお、特に断りがない限り、課税仕入取引については、インボイス発行事業者からインボイスの交付を受けるものとして説明しています。

インボイス導入で課税事業者になった人のための
はじめての消費税　経理と申告の基本がわかる本
CONTENTS

第4章　納税額はどうやって求める？

本イラスト　春日井 恵実
ＤＴＰ　一企画

消費税とインボイスに よくある 

Q1 消費税は、誰が、いつ納めるのですか？

A1 業種を問わず、国内で事業を行う事業者（個人事業者および法人）です。ただし、消費税が課税される売上の規模が小さい事業者については、申告と納税が免除されているのですが、インボイスを発行する事業者は、必ず申告と納税を行わなければなりません。また、消費税の申告と納税は所得税や法人税と同様に、原則として、課税期間終了後２か月以内に行わなければなりません。→解説は47ページ

Q2 消費税の納税額はどのように計算するのでしょう？

A2 簡単に言うと、「売上にかかる消費税－仕入にかかる消費税」で計算します。その事業者の消費税が課税される売上高の規模によって、採用できる仕入にかかる消費税の計算方法が異なります。 →解説は14, 79ページ

Q3 消費税の申告をしなければなりませんが、何を準備すればよいのでしょう？

A3 売上にかかる消費税については、原則、インボイスの控えや消費税が課税される売上や収入を集計した帳簿などです。仕入にかかる消費税については計算方法により異なりますが、原則、交付されたインボイスや消費税が課税される仕入や経費を集計した帳簿などが必要です。他には国税庁のインボイス制度公表サイトを閲覧するためのパソコンやスマートフォンなどです。 →解説は15, 129ページ

Q4 インボイスとは何ですか？ また、様式は定められていますか？

A4 インボイスとは、商品やサービスの売り手が買い手に対して正確な適用税率や消費税額等を伝えるためのものです。一般的には、「発行事業者の登録番号」「適用税率」および「税率ごとに区分した消費税額等」が記載された請求書等（電子データを含みます）をいいます。インボイスに様式の定めはなく、請求書、納品書、領収書など、その名称を問わず、記載要件を満たしていればインボイスに該当します。

→解説は14, 116ページ

Q5 インボイスは、事業者なら誰でも交付できますか？

A5 インボイスを交付するためには、事前に申請を行って登録を受ける必要があります。なお、免税事業者は原則としてインボイス発行事業者登録の申請を行うことができませんが、制度開始から一定期間は経過措置によって登録申請を行うことができます。 →解説は14, 57, 112ページ

Q6 インボイスが交付されないとどうなりますか？

A6 インボイスが交付されないと、仕入を行った事業者は仕入消費税を控除することができなくなり、納税額が増加します。また、インボイスを交付できない事業者は、取引から排除されたり、販売先から値引きの要請を受けたりすることが想定されます。 →解説は16ページ

Q7 インボイス発行事業者として登録した場合、廃業するまで登録が続くのですか？

A7 登録をやめることもできます。この場合、取りやめの届出書を提出する必要があります。また、一定の事由に該当すると、登録が取り消されることがあります。

→解説は114ページ

Q8 控除する仕入にかかる消費税額の計算方法にはどのようなものがありますか？

A8 誰もが採用でき、実際に支払った消費税額をもとに計算する方法（本則課税）と、事前に届出書を提出し、一定の条件を満たした場合に採用される簡易課税制度による方法（簡易課税）の２つがあります。なお、インボイス制度開始から３年間は、インボイス交付のためやむを得ず登録した免税事業者を対象に、「２割特例」による計算方法も認められています。 →解説は77ページ

Q9 本則課税ではどのような点に注意すればよいでしょうか？

A9 すべての売上高に占める課税売上の割合（課税売上割合）と、実際に支払った消費税額の集計に注意が必要です。なお、仕入税額の集計では、インボイスの交付を受けた仕入先に対するものと、交付を受けられなかった仕入先に対するものとを区別して行わなければなりません。

→解説は100ページ

Q10 本則課税は準備が面倒で計算も複雑だと聞きましたが、本当でしょうか？

A10 その期間の課税売上高が５億円以下で、かつ、課税売上割合が95％以上の場合は、帳簿の作成とインボイスの保存を行って、すべての仕入税額の集計ができれば、手間はかかりますが計算できないことはありません。ただし、この要件を満たさない場合には計算が複雑になります。

→解説は101ページ

Q11 簡易課税ではどのようにして計算を行うのでしょうか？

A11 消費税が課税される売上について、取引ごとに事業の種類を区分し、事業の種類ごとに決められたみなし仕入率を用いて控除する仕入税額を計算します。したがって、実際に支払った消費税額は計算に関係がなく、また、支払先がインボイスを交付する事業者かどうかも税額計算には関係ありません。

→解説は85ページ

Q12 控除する仕入税額の計算方法のうち、有利かつ簡単なのはどの方法でしょう？

A12 有利かどうかは、その事業者が採用できるすべての計算方法について、売上や仕入などの金額を予測し、税額を試算すれば判断できます。ただし、本則課税と簡易課税を比較して、簡易課税のほうが有利であると判断した場合には、その計算期間が開始するまでに簡易課税を選択する届出書を提出しておく必要があります。なお、計算方法は簡単な順から、①２割特例、②簡易課税、③本則課税、となります。

→解説は78ページ

第1章

消費税と
インボイスのしくみ

1

消費税の特徴　★★

消費税は国内での消費に対して広く課税される

（1）国内での消費に課される

みなさんが日常的に買い物をしたりサービスを受けたりした場合に、これらの代金と一緒に負担しているのが消費税です。消費税は、日本国内において物を買ったり、使用したり、またはサービスの提供を受けたりすること、つまり国内で消費することに対して課される税金です。

（2）負担する人と納税する人が異なるから複雑

「税金」と聞いて思い浮かぶのは、個人のもうけに対してかかる所得税や親から遺産を相続したときにかかる相続税、自宅や工場などを所有している人にかかる固定資産税など、課税される人が負担し、かつ納税を行う税金（直接税）ではないでしょうか。

消費税はこれらの税金とは違い、**負担する人と納税する人が異なる税金（間接税）**です。そのため、負担と納税のしくみが直接税と比べて複雑になっています。消費税を負担する人は、商品やサービスを消費する最終消費者です。消費者は商品やサービスを消費する目的で購入し、消費します。一方、消費税を納税する人は、商品やサービスの流通の過程に存在する事業者です。事業者は消費者に商品やサービスを販売するために他の事業者から仕入を行いますが、この事業者間での取引においても消費税は課税されます。しかし、事業者は消費者への販売を目的として仕入を行うので、この仕入は消費税の負担を求める消費行為そのものではありません。したがって、事業者が事業活動の一環として行う仕入については、いったん消費税は課税されますが、事業者が納税する消費税額から仕入の際に支払った消費税を控除することになっています。この結果、その事業者は消費税の負担を回避することができます。なお、消費税のしくみを理解するためには、事業者や消費者の立場と、モノ・お金の流れを一緒に把握することが大切ですので、本章４項で事例を使って説明します。

【消費者から預かった消費税を事業者が国に納税する】

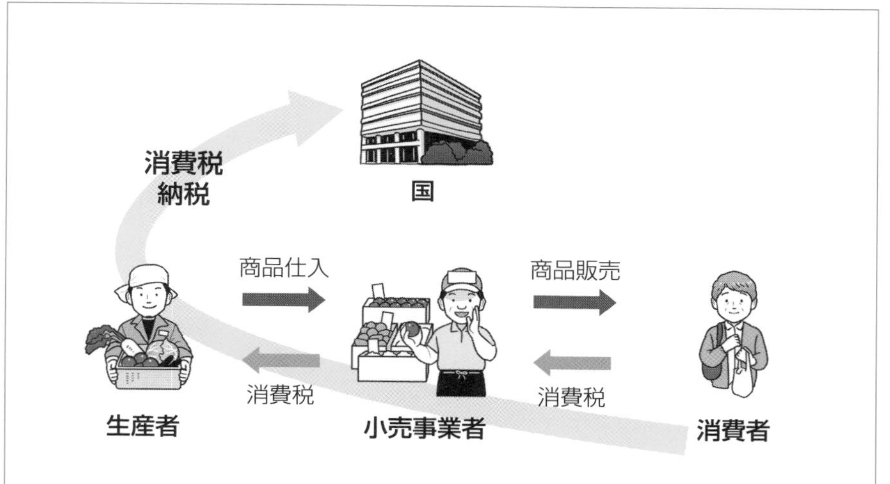

（3）消費税の納税を免除される事業者がいる

また、消費税において非常に特徴的なのは、消費税の納税を免除される事業者が存在していることです。消費税を負担する消費者の立場からは、支払った消費税はすべて国に納税してほしいと思うのですが、本来納税を行う立場にある事業者のなかには、消費者から消費税を預かっても、それを国に納税しなくてもよい事業者が法律で定められています。詳細は第３章で説明しますが、売上の規模が小さく、消費税の納税のための事務負担が重すぎると考えられる事業者は納税義務が免除されています。

ところで、実務上の手順では、所得税や法人税の計算を行う前に、消費税の計算を行って税額を確定させておかなければなりません。なぜなら、所得税や法人税の税額計算を行ううえでは、原則として消費税は中立的ではありますが、消費税の経理方式によって、これらの税額計算に影響があるからです。詳細は第６章で説明しているのでご参照ください。

2 インボイスの影響 ★★★

インボイス制度導入によって仕入税額控除が厳格化

（1）納税額の計算式はシンプル

令和５年10月１日よりインボイス制度が始まりました。インボイス制度について説明する前に、複雑な消費税のしくみを理解するうえで必要な消費税の納税額の計算のしかたについて簡単に触れておきます。

事業者が納付する消費税は、「売上代金と一緒に預かった消費税」（売上にかかる消費税）から「仕入代金や経費と一緒に支払った消費税」（仕入にかかる消費税）を控除して算出します（このしくみを「仕入税額控除」という）。この金額がプラスの場合は申告と納税が必要となりますが、マイナスの場合は申告することで消費税が還付されます。

【消費税の納税額の計算式】

消費税の納税額＝預かった消費税－支払った消費税

それでは、これからインボイス制度について説明します。世間一般では「インボイス制度」と呼ばれているため、この名称のほうが有名だと思いますが、正確には「適格請求書等保存方式」といって、上記算式の「支払った消費税」を「預かった消費税」から控除するための要件を定めた制度です（なお、以下本書では「適格請求書」のことを「インボイス」、「適格簡易請求書」のことを「簡易インボイス」と呼ぶこととする）。

インボイスを交付できるのは、税務署に登録申請手続きを行って「インボイス発行事業者」として登録された事業者のみです。登録を受けていない事業者がインボイスを交付することは禁じられており、違反すると罰せられます。

（2）請求書の保存からインボイスの保存へ

詳しいことは本章４項で説明しますが、消費税は、消費者が負担した消費税を流通過程における各事業者がそれぞれ分担して納税するしくみになっています。また、その事業者が消費税を納める際には、商品の販売先から預かった消費税から、商品の仕入先に支払った消費税を控除して納税します。

インボイス制度の導入前は、仕入を行った事実を記録した帳簿と仕入先から交付される請求書等の保存を条件として、仕入にかかる消費税を控除することができました。しかし、インボイス制度導入により仕入にかかる消費税の控除は厳格化され、**原則、帳簿およびインボイス発行事業者から交付されたインボイス等の保存**を行うことが必要となりました。

【仕入にかかる消費税の控除の条件が変わった】

（3）免税事業者に関する問題点

インボイスをめぐって問題になるのが、「①消費税を納めていない事業者（免税事業者）がインボイス発行事業者として登録するケース」と、「②消費税を納めている事業者がインボイスを発行できない事業者から仕入を行うケース」の２つでしょう。

①消費税を納めていない事業者（免税事業者）がインボイス発行事業者として登録するケース

インボイス制度の導入前は、消費税を支払った相手先から請求書や領収書さえ入手できれば、仕入にかかる消費税を控除することができたため、どのような仕入先と取引するかはそれほど重要ではありませんでした。仮に、仕入先が消費税の申告と納税を免除されている事業者（免税事業者）であっても、その取引自体が消費税の課税される内容の取引であれば、請求書等を入手し、保存することによって仕入にかかる消費税を控除することが可能でした。

ところが、インボイス制度では、インボイスを入手しないと仕入にかかる消費税を控除することができなくなりました。つまり、インボイス発行事業者として登録されている仕入先と取引しないと、インボイスを入手することができないため、仕入にかかる消費税の控除ができません。ここで、買い手である事業者は、インボイスを発行してくれる事業者と取引したいと考えるでしょう。そうすれば、免税事業者である事業者は、インボイス発行事業者として登録を受け、インボイスを発行しようと考えるのはごく自然なことです。

しかし、インボイス発行事業者は必ず消費税の申告と納税をしなければならないため、いままで消費税の申告と納税が不要だった免税事業者がインボイス発行事業者として登録されれば、それ以後は消費税の申告・納税が強制されるので、新たに申告事務と納税額の負担が発生することになります。

結果的に、免税事業者はインボイス制度の導入によって、インボイス発行事業者として登録するか否かの選択を迫られることになります。

【免税事業者のインボイス制度導入後の選択肢とメリット・デメリット】

	メリット	デメリット
インボイス発行事業者として登録する	•インボイスを発行できる •商品の販売先である事業者はインボイスを入手できるため、これまでどおりの条件で取引継続が期待できる	•消費税の申告事務と納税額の負担が発生する •このため利益が減少する
インボイス発行事業者として登録しない（免税事業者のまま）	•消費税の申告事務負担はなく、納税も発生しない •経理処理もいままでどおり	•インボイスを発行しないため商品の販売先の消費税の納税額を増加させる結果になる •このため販売先から取引条件の変更や取引停止のおそれが生じる

②消費税を納めている事業者がインボイスを発行できない事業者から仕入を行うケース

一方、消費税の申告と納税を行う事業者（課税事業者およびインボイス発行事業者）が、インボイスを交付できない免税事業者の仕入先といままでと同じ条件で取引すると、仕入にかかる消費税を控除できないため納税額が増え、利益が減少します。この場合の対応としては、

(イ)仕方ないとあきらめて自社で負担する

(ロ)仕入先が登録しないことが原因と考えて値下げを要求し利益を確保する

(ハ)販売価額を値上げし販売先に転嫁して利益を確保する

という主に３つの方法が考えられます。

(イ)と(ハ)の場合には問題にはなりませんが、(ロ)の場合には独占禁止法や下請法に配慮することが必要です。自己の取引上の地位が免税事業者である仕入先に優越している場合に、その地位を利用して不当に不利益を与えることは、優越的地位の乱用として独占禁止法上問題となるおそれがあります。また、取引価格の引下げについて、交渉が形式的なものにすぎず、仕入先が負担する消費税を支払えないような著しく低い価格を設定した場合や、登録を行うよう要請することにとどまらず、これに応じない場合には価格を引き下げるとか、それにも応じなければ取引を打ち切るなどと一方的に通告することは、独占禁止法上または下請法上、問題となるおそれがあります。

ちなみに(ハ)の場合ですが、販売先が消費者であるなら、商品価格が値上げされるということですから、消費者の負担が増えることになります。

なお、消費税の申告を行ううえで、免税事業者からの仕入取引は、インボイス発行事業者からの仕入取引と明確に区別しなければなりません。したがって、区別する事務の煩雑さを考慮すると、インボイス発行事業者のみと取引するほうが合理的だと判断する課税事業者も少なからずいるでしょう。

ここがポイント！

- 一方的な支払額の減額や取引停止は法令に違反する可能性がある

（4）免税事業者のままで事業継続する場合の注意点

インボイス制度が導入されるまでは、消費税の免税事業者は納税義務がなくても販売先に迷惑をかけることもなく、免税事業者であること自体はそれほど問題とはなりませんでした。

しかし、インボイス制度が導入されたことによって、販売先から値下げの要求がなかったとしても、免税事業者の立場のままでは本体価格とは別に消費税相当額を表立って販売先に対して請求することは難しくなりました。法令上は、免税事業者が作成する請求書に消費税額等の記載は禁じられてはいませんが、インボイスを発行できないことと免税事業者として消費税を納めていないこととがほとんど同じ意味になったからです。

インボイス発行事業者として登録していない免税事業者は、インボイスに該当しない請求書等を交付せざるを得ないため、消費税の納税を免除されていることが販売先に露見し、本体価額に加えて消費税相当額を支払うことに抵抗を感じる販売先も少なくないと思います。登録番号の記載のない請求書等に消費税額等の記載がある場合には、値下げの交渉材料にもなり得ます。免税事業者のままで事業を継続する場合には、請求書等の価格表示には十分注意するようにしてください。

【免税事業者が注意すべき価格表示】

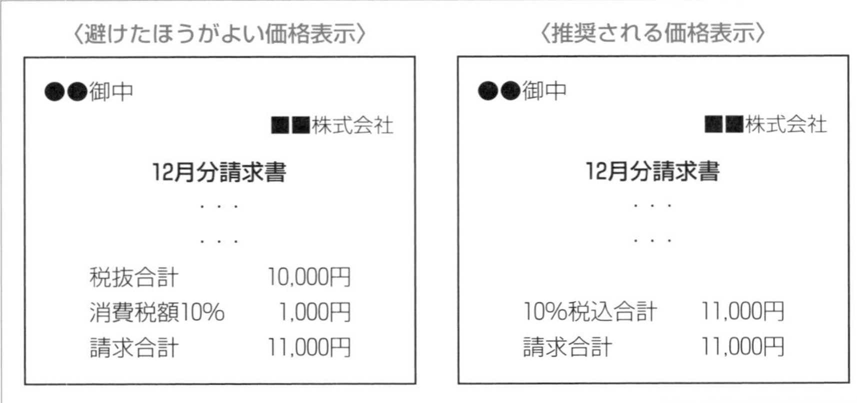

なお、免税事業者から行う仕入については経過措置が設けられていますが、販売先の事業者がこの経過措置の適用を受ける場合には、区分記載請求書等の保存が必要になります（第５章５項参照）。区分記載請求書には税率ごとに合計した税込価額を記載することとされていますので、この点からも配慮が必要でしょう。

（５）免税事業者のままでもかまわない場合

免税事業者がインボイス発行事業者として登録しなくても、経営上ほとんど影響がないと考えられるのは次のケースです。

①商品の販売先やサービスの提供先が消費者のみであるケース

たとえば、学習塾やゲームセンターなどのように、売上の大部分が消費者に対するものである場合には、登録の必要性はほとんどないと考えられます。なぜなら、消費者からインボイスの発行を要求されることはなく、仮に要求されたとしても法令上はこれに応じる義務はないからです。

②非常に高い競争力を備えた商品やサービスを持っているケース

たとえば、あなたの会社の商品やサービスに独自性があり、競争力が非常に高く、代替するものがない場合には登録しなくても差し支えないでしょう。あなたの会社以外にその商品やサービスを入手できる先がないのであれば、インボイスを入手できなくても顧客はあなたの会社から購入するしかないからです。

③商品等の販売先に小規模事業者（年間売上高が5,000万円以下である事業者）が多いケース

販売先が実際の仕入税額を考慮しない簡易課税制度（第４章５項参照）を適用して税額計算を行っている場合は、販売先はインボイスの保存は必要とされていません。インボイスの交付を要求されないことも考えられますので、販売先にインボイスの要否を確認してから判断すればよいでしょう。

④非課税売上しか発生しない場合

たとえば、居住用物件の賃貸だけを行う会社や、社会保険診療のみを行うクリニックなどのように消費税の非課税売上（第２章３項参照）しか発生しない場合には登録する必要はないでしょう。なぜなら、インボイスは課税取引に関係がありますが、非課税取引には関係がないからです。ただし、居住用賃貸物件にかかる駐車場収入や光熱費収入がある場合には、この部分についてインボイスの交付を要求されることがあります。

インボイス発行事業者として登録し消費税を納めることを選ぶか、それとも、これまでと同様に免税事業者にとどまりインボイスの交付は行わないことを選ぶか。免税事業者にとっては大いに頭を悩ませる問題です。

ここがポイント！

- 自社の商品・サービスの特徴や販売先によって登録を判断する

3

消費税の納税額　★★★

納税額を最小にする仕入税額の計算方法を選ぶ

事業者であるみなさんの関心がもっとも高いのは、「自分が納める消費税額はいくらになるのか？」ということではないでしょうか。

消費税の納税額の計算式は前項の冒頭で紹介しましたが、ここではもう少し詳しく説明しておきましょう。消費税の納税額は、原則として、

「消費税の納税額＝預かった消費税－支払った消費税－売上値引等で返還した消費税－貸倒れで回収できない消費税」

という計算式で求めます。

各項目の詳細については第４章で説明しますが、その課税期間（消費税の納税額を計算する期間のこと。第２章７項参照）中の売上の際に預かった消費税から、仕入の際に支払った消費税、売上値引等で返した消費税、そして売上代金が貸倒れて回収できない消費税を控除して計算します。

その課税期間の売上にかかる消費税は、売上の計上時期の特例によって翌課税期間以降に繰り延べたり、仕事の進捗状況に応じて計上したりすることはできますが、資産の譲渡等により預かった消費税額自体は変わるものではありません。

一方、仕入にかかる消費税については、事業者が支払った消費税額自体が変わるわけではありませんが、どの計算方法を採用するかで控除できる消費税額が変わる（事業者によっては、実際に支払った消費税額以上の控除が認められることがあったり、逆に、実際に支払った消費税額以下の控除しか認められないこともある）、つまり納税額が変わることになります。

ここがポイント！

- **消費税の納税額は仕入税額の計算方法によって変動するため、どの計算方法を選択するかが重要**

4 モノ・お金の流れと消費税 ★★

事業者が、消費者の負担する消費税を分担して納税する

少々複雑な消費税のしくみを理解していただくために、みなさんが支払っている消費税がどのように納税されているのかを、これから簡単な事例を使って説明します。なお、事例では標準税率10%の商品売買を前提としています。

(1)「モノ・お金、消費税の流れ」を事例で確認する

生産・製造業者が製造した商品が、卸売業者から小売業者へと流通して、最終的には消費者が購入する一連の流れを以下に示しました。商品を購入した消費者の負担する消費税が、どのようにして国に納税されるかを確認していきたいと思います。

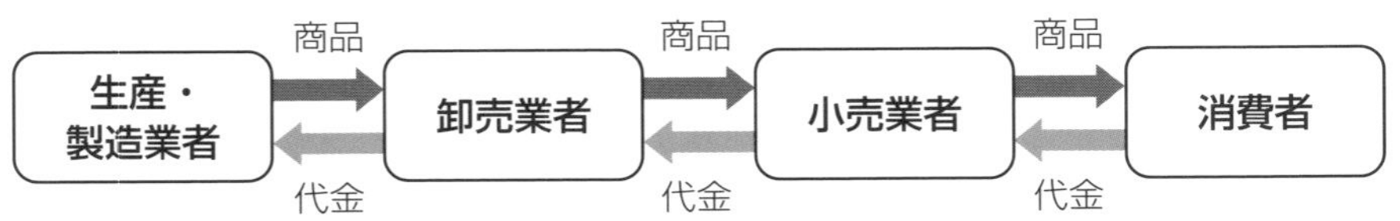

	生産・製造業者	卸売業者	小売業者	消費者
売上 うち消費税	11,000円 1,000円	33,000円 3,000円	55,000円 5,000円	− −
仕入 うち消費税	0円 0円	11,000円 1,000円	33,000円 3,000円	55,000円 5,000円
納税額	1,000円 −0円 ＝1,000円	3,000円 −1,000円 ＝2,000円	5,000円 −3,000円 ＝2,000円	−
利益	11,000円−0円 −1,000円 ＝10,000円	33,000円 −11,000円 −2,000円 ＝20,000円	55,000円 −33,000円 −2,000円 ＝20,000円	−

まず、生産・製造業者が自社で製造した商品を11,000円（うち消費税1,000円）で卸売業者に販売します。次に、卸売業者が利益をのせて33,000円（うち消費税3,000円）で小売業者に販売します。最後に、小売業者が利益をのせて55,000円（うち消費税5,000円）で消費者に販売します。

この事例で、各事業者が納付する消費税を計算すると次のようになります。

●生産・製造業者

支払った消費税がないため、卸売業者から受け取った消費税（売上にかかる消費税＝売上消費税）1,000円をそのまま納付します。

売上消費税1,000円－仕入消費税0円＝**納付税額1,000円**

●卸売業者

小売業者から受け取った消費税3,000円から製造業者に支払った消費税（仕入にかかる消費税＝仕入消費税）1,000円を差し引いて納付します。

売上消費税3,000円－仕入消費税1,000円＝**納付税額2,000円**

●小売業者

消費者から受け取った消費税5,000円から卸売業者に支払った消費税3,000円を差し引いて納付します。

売上消費税5,000円－仕入消費税3,000円＝**納付税額2,000円**

ここで、各事業者が納付した消費税の合計金額を計算すると、

1,000円＋2,000円＋2,000円＝5,000円

となり、これは消費者が小売業者に支払った消費税額と一致します。つまり、この一連の取引の中で、各事業者が売上消費税と仕入消費税の差額をそれぞれ分担して税務署に支払うことによって、結果的に最終消費者が消費税を負担したことになるのです。

（2）この事例でインボイスが入手できないとどうなる？

この事例で、もし卸売業者がインボイスを発行できなかったら小売業者はどうなるでしょうか。

卸売業者に支払った消費税3,000円は控除することができないため、小売業者が納付すべき消費税は、

売上消費税5,000円－仕入消費税0円＝納付税額5,000円

となり、納税額は3,000円増加し、利益は、

売上55,000円－仕入33,000円－納税額5,000円＝利益17,000円

と3,000円減少します。

このように、インボイス制度の導入により、インボイスを入手できないと納税額や利益に影響が生じることになったのです。

ここがポイント！

- インボイスの有無が納税額や利益に影響する

5

消費税の計算　★★★

消費税の売上・仕入は会計より広く、総収入・総支出のイメージに近い

（1）売却損が計上されていても課税される

売上にかかる消費税は、消費税が課税される売上（**課税売上高**）の合計額から算出します。

消費税計算上の売上は、会計でいう売上だけでなく、雑収入や固定資産の売却収入なども含まれます。売上というよりも総収入というほうが感覚としては近いかもしれません。固定資産を売却した場合、会計上は帳簿価額と売却金額との差額を固定資産売却損益として計上しますが、消費税では売却収入を売上として認識します。そのため、売却損が計上されていても消費税は課税されることになるのです。

たとえば、帳簿価額110万円の自動車を税込価額88万円で売却し、売却損が22万円発生した場合、所得税や法人税で重要なのは売却損が22万円であることで、消費税で重要なのは売却額が88万円であることです。

所得税や法人税は所得（もうけ）に課税されるのに対して、消費税は国内での消費行為に課税されるので、固定資産の売却額がいくらであったかが重要なのです。

（2）必要経費や固定資産の購入も仕入となる

一方、仕入にかかる消費税は、消費税が課税される仕入（**課税仕入高**）の合計額から算出した金額と、海外から商品などを輸入する際に税関で支払う消費税（**輸入消費税**）の合計です。

消費税でいう仕入は、会計でいう商品の仕入高だけでなく、広告宣伝費、水道光熱費、消耗品費などの必要経費や機械装置や車両運搬具などの固定資産の購入代金も含まれます。仕入というよりも、総支出というほうが感覚的には理解しやすいのではないかと思います。

なお、会計上は、期首と期末における商品の棚卸高を加減算して売上原価を計算しますが、消費税では原則として商品の棚卸高は計算に関係させません。あくまでも期中に仕入れた金額をもとに税額を計算します。

また、会計上は、固定資産を購入した場合には、その耐用年数に応じて減価償却費を毎期計上しますが、消費税では固定資産の購入時にその取得価額の全額を仕入として認識し、減価償却費は計算に関係させません。このため、多額の設備投資を行った場合には、売上にかかる消費税から控除しきれない消費税が還付されることがあります。

売上の場合と同様に、所得税や法人税は所得（もうけ）に課税されるため会計で計算する利益が重要であるのに対して、消費税は国内での消費に課税されることから、売上原価や減価償却費ではなく、商品の仕入や固定資産の購入という消費がいくらだったかが重要なのです。

ここがポイント！

- 所得税や法人税で重要なのは一定期間のもうけがいくらだったかということ
- 消費税で重要なのは消費税が課税される売上や仕入がいくらだったかということ

第2章

押さえておきたい
消費税の基礎知識

1

国内取引の４つの課税区分　★★★

正しく計算するためには、取引ごとの区分が必要

（1）消費税が課税される取引が「課税取引」

消費税は、日本国内において物を買ったり、使用したり、またはサービスの提供を受けたりすること、つまり国内で消費することに対して課される税金です。この消費税が課税される取引を「**課税取引**」といい、海外で生産された物であっても、輸入されて日本国内で消費されたり使用されたりする場合は、消費税を課税することになっています。

（2）「輸出免税取引」は消費税が免除される

一方、日本で生産・製造されたものが輸出され、海外で消費・使用される場合は、それらが消費・使用される国の消費税が課税されますので、二重課税が起こらないように日本の消費税を免除（「**輸出免税取引**」）することになっています。

（3）「非課税取引」には消費税がかからない

また、土地の売買や貸付金の利息など消費行為ではあるものの、消費税の性格上、課税することになじまないものや、社会保険診療による医療サービスや住宅の家賃のように社会政策的な配慮から消費税を課税しないものは「**非課税取引**」と呼ばれています。

（4）「課税対象外取引」（不課税取引）は消費課税の対象外

このほか、国外で行われる取引のように国内の取引でないものや、寄付金や税金の支払いのように消費とはいえないものは「**課税対象外取引（不課税取引）**」といって、消費税の納税額の計算上は関係させません。

ここがポイント！

- **消費税を計算するための国内取引の課税区分は、課税取引、輸出免税取引、非課税取引、課税対象外取引（不課税取引）の４つ**

【取引内容と課税区分の関係】

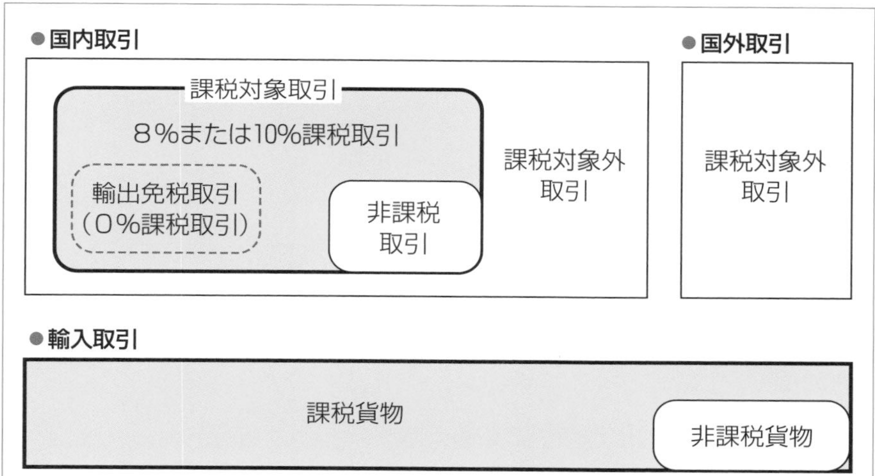

取引内容と消費税の課税区分の関係は、上図のようなイメージになります。詳しいことは順に説明していきますが、取引内容に応じた課税区分は税額を計算するうえでとても重要です。課税、輸出免税、非課税、不課税の違いを理解し、１つひとつの取引がどこに区分されるのか、しっかりと押さえておきましょう。

○課税取引……消費税が発生する→30ページ
○輸出免税取引……消費税が０％になる→38ページ
○非課税取引……消費税が発生しない→35ページ
○不課税取引（課税対象外取引）……そもそも課税されない

2

課税取引 ★★★

消費税の納税額計算のもとになる国内取引と輸入取引

ここでは消費税の課税される取引である国内取引と輸入取引の課税対象について見ていきます。

（1）国内取引

国内取引で課税対象となるのは、次の４要件をすべて満たす取引です。

①日本国内において行う取引であること
②事業者が事業として行う取引であること
③対価を得て行う取引であること
④資産の譲渡、資産の貸付、サービスの提供（資産の譲渡等）のいずれかであること

①日本国内において行う取引であること

消費税は日本国内において消費・使用される物や提供されるサービスに対して課税されますから、国内取引でなければ課税の対象とはなりません。その取引が国内取引に該当するか国外取引に該当するかの判定は、それぞれ次のようになります。

（イ）資産の譲渡または貸付の内外判定

資産の譲渡または貸付が行われるときに、その資産があった場所が日本国内なら国内取引となります。たとえば、日本の会社が海外の支店で自社製品を販売したような場合には、販売した資産は国外にあったわけですから、課税の対象とはなりません。

反対に、外国の会社が日本国内の支店で自社製品を販売したような場合には、販売した資産は日本国内にあったわけですから、課税の対象となります。販売者等の本店の所在や支店の所在に関係なく、譲渡や貸付にかか

る資産の所在で判定することになりますので注意してください。

ただし、その資産が船舶、航空機、特許権、商標権、著作権、国債証券、株券など特殊なものである場合は、政令で定める場所で判定します。

原則 … 譲渡または貸付のときの資産があった場所で判定
例外 … 登録機関の所在地、事務所等の所在地などで判定

（ロ）サービスの提供の内外判定

原則として、**サービスの提供が行われた場所**によって判定します。

たとえば、日本の会社が海外の支店でサービスの提供を行ったような場合には、サービスを提供した場所が国外であることから課税の対象とはなりません。

一方、外国の会社が日本国内の支店でサービスの提供を行ったような場合には、サービスの提供地が国内であることから課税の対象となります。

なお、国際間にわたる輸送や通信など、サービスが行われた場所を特定しにくいものについては、政令で個別に定められています。

原則 … サービスの提供が行われた場所で判定
例外 … 出発地、到着地、事務所等の所在地などで判定

（ハ）利子を対価とする金銭の貸付

金銭の貸付や預金または貯金の預入等については、その**貸付等を行う者の事務所等の所在地**が国内にあるかどうかにより判定します。

②事業者が事業として行う取引であること

「事業者」とは、**個人事業者および法人**（法人でない社団または財団で、代表者または管理人の定めがあるものは、法人とみなされる）をいい、「事業として」とは、対価を得て行われる資産の譲渡等が**反復、継続、独立**して行われることをいいます。

したがって、サラリーマンが自己所有の自動車を売却することは、事業者として行う取引ではなく、事業として行う取引でもないため、課税の対象とはなりません。なお、サラリーマンのように、雇用契約またはこれに準ずる契約により会社など他の者に従属し、かつ、その他の者の計算により行われる事業にサービスを提供する場合、つまり、サラリーマンが会社等に勤務して行う仕事は、事業には該当しません。

また、個人事業者が行う取引であっても、事業とは関係のない自己の居宅を売却することは、事業として行われる取引ではないため、課税の対象とはなりません。一方で、「事業として行う取引」には、その性質上、事業に付随して対価を得て行われる資産の譲渡等（事業の用に供している建物、機械等の売却など）が含まれます。

ここで誤りやすいのが、たとえば事業用資金を調達するために自己の居宅などの家事用資産を譲渡する場合です。この行為は、たとえ事業のために行う取引であっても「家事用資産の譲渡」であることには変わりがないため、課税の対象とはなりません。

なお、法人が行う資産の譲渡、資産の貸付、サービスの提供は、そのすべてが「事業として行う取引」に該当します。

**• 個人事業者…反復、継続、独立して行われるもので
事業の用に供する資産の譲渡等も含まれる**

• 法　　　人…すべての資産の譲渡等が事業として行うものとなる

③対価を得て行う取引であること

「対価を得て」とは、資産の譲渡等について反対給付を受けることを意味します。身近な例では、商品を販売したときにその代金を受け取ることが該当します。なお、寄付金、祝金、見舞金、補助金、奨励金、助成金、保険金、共済金、配当金などを受領しても、これらは対価性がないので課税の対象とはなりません。

【対価性の有無】

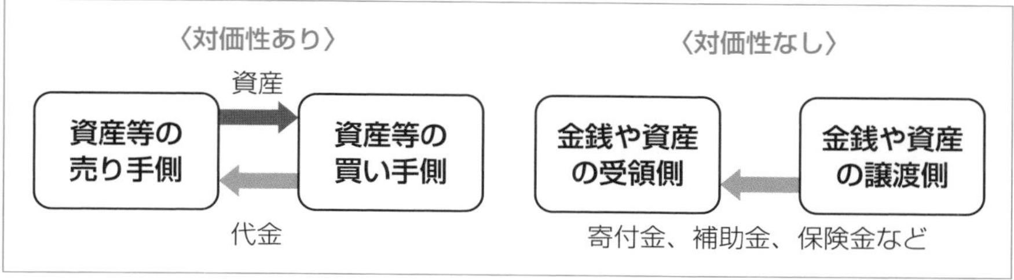

ただし、対価のない無償の取引であっても、次に掲げる行為は「みなし譲渡」として対価を得て行われるものとみなされて課税の対象になります。

【みなし譲渡として課税の対象となる行為】

●個人事業者が商品などの棚卸資産または器具備品などの事業用資産を家事のために消費し、または使用した場合
●法人が役員に対して資産を贈与した場合

たとえば、飲食店を営んでいる個人事業者が、売れ残った食材を自分で調理して食べた場合などは、「みなし譲渡」に該当して課税されます

また、対価は金銭等に限定されているものではないので、たとえば資産を交換する取引は、お金のやりとりがなくても相手方の資産という反対給付を受ける取引であり、「対価を得て」行うものに該当します。

- **商品の自家消費は売上として計上しなければならない**
- **資産を交換した場合でも課税されることがある**

④資産の譲渡、資産の貸付、サービスの提供（資産の譲渡等）のいずれかであること

「資産」とは、取引の対象となる一切の資産をいい、棚卸資産または固

定資産のような有形資産のほか、ソフトウェアや特許権・借地権などの権利その他の無形資産も含まれます。

また資産の譲渡等に類する行為として、金銭等の代わりに資産で支払う「代物弁済による資産の譲渡」や、債務の負担を条件に資産の贈与を行う「負担付贈与による資産の譲渡」、金銭以外の資産を出資し株式を取得する「現物出資」などが含まれます。

（2）輸入取引

保税地域から引き取られる外国貨物は課税の対象となります。**保税地域**とは、おもに港湾や空港の近くにあり、船や飛行機から積み出された外国貨物が関税の納入や輸入の許可等の税関手続きが終了するまで蔵置・管理される場所のことです。税関での手続きが終了した後に、輸入者が外国貨物を引き取ることになりますが、この引き取られる外国貨物が課税の対象になります。

なお、国内取引にかかる消費税は売り手と買い手がいますので、立場によって受け取る場合と支払う場合がありますが、輸入取引にかかる消費税は通常支払いのみとなります。

3

非課税取引 ★★

特定の理由から課税されない取引が国内取引にも輸入取引にもある

土地の譲渡や社会保険診療、住宅の家賃など、本来なら課税対象となる取引のうち、消費税を課税することが適当でないものを限定的に非課税としていますので、非課税取引は課税取引の例外的な取扱いであると考えることができます。非課税取引を国内取引と輸入取引に分けてまとめると、以下のようになります。

（1）国内取引の非課税取引

【税の性格上、課税することになじまないもの】

- ●土地の譲渡および貸付
- ●有価証券および支払手段の譲渡
- ●金融取引、保険料など
- ●郵便切手類、印紙、証紙の譲渡
- ●物品切手等の譲渡
- ●行政手数料、外国為替

ただし、土地の貸付であっても、貸付の期間が１か月未満である場合や、駐車場・駐輪場等の施設の利用に伴って土地が利用される場合には、非課税とはなりません。

郵便切手類や印紙は郵便局など指定された場所での譲渡は非課税となりますが、いわゆる金券ショップなどで購入した郵便切手類や印紙などは非課税とはならず、課税対象となります。

また、物品切手等とは、その証書等と引換えに一定の物品の給付・貸付または特定のサービスの提供を約するもので、給付等を受けようとする者が証書と引換えに給付等を受けたことで、その対価の全部または一部の支払債務を負担しないものをいい、たとえば、商品券やプリペイドカードなどが該当します。

【社会政策的配慮から非課税とされているもの】

●国際郵便為替などの手数料
●社会保険医療にかかる診療報酬
●介護保険法の規定による居宅サービスなど
●社会福祉事業にかかる資産の譲渡等
●助産にかかる資産の譲渡等
●埋葬料、火葬料を対価とする役務の提供
●身体障害者用物品の譲渡等
●教育にかかる役務の提供
●教科用図書の譲渡
●住宅の貸付

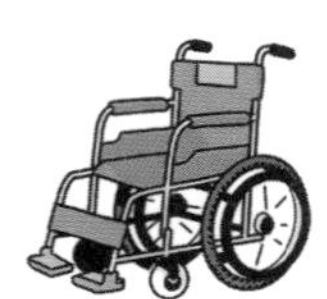

住宅とは、人の居住の用に供する家屋または家屋のうち人の居住の用に供する部分をいい、一戸建ての住宅のほか、マンション、アパート、社宅、寮、貸間等が含まれます。

通常、住宅に付随して貸し付けられる庭、給排水施設等住宅の一部と認められるものや、家具、じゅうたん、照明設備、冷暖房設備等の住宅の附属設備で住宅と一体となって貸し付けられるものは「住宅の貸付」に含まれます。店舗兼住宅については、住宅部分のみが非課税とされるので、その家賃については住宅部分と店舗部分とを合理的に区分する必要があります。

住宅の貸付として非課税となるのは、契約において住宅の用に供することが明らかにされているものや、契約において貸付の用途が明らかにされていない場合に、その貸付等の状況からみて住宅の用に供されていることが明らかなものに限られます。ただし、住宅の貸付であっても、一時的な使用や貸付期間が１か月未満のもの、旅館・ホテルの貸付は非課税とはなりません。非課税となる住宅の家賃には、敷金、保証金、一時金等のうち返還しない部分を含み、共同住宅における共用部分にかかる費用（エレベーターの運行費用、廊下等の光熱費、集会所の維持費等）を入居者が応分に負担する、いわゆる共益費も含まれます。

（２）輸入取引の非課税となるもの

【保税地域から引き取られる以下の貨物】

●有価証券

●支払手段
●郵便切手類、印紙、証紙、物品切手等
●身体障害者用物品
●教科用図書

（3）非課税取引の税額計算上の取扱い

非課税取引には消費税が課税されていないので、土地の購入対価や借入金の支払利息、住宅の支払家賃などの非課税取引の仕入（非課税仕入）は税額計算にはまったく関係がありません。

一方で、土地の売却代金や貸付金の受取利息、住宅の受取家賃などの非課税取引の売上（非課税売上）は、税額の計算を本則課税（第４章８項参照）で行う場合に大きく影響します。

消費税のルールでは、たとえば、土地を売却するために支払った不動産仲介業者に対する仲介手数料などのように、**非課税売上に対応する課税取引の仕入（課税仕入）にかかる消費税は、原則として納税額の計算上は控除することができないことになっています。**

消費税では、事業者が自ら資産の譲渡等を行う際に消費税を転嫁し、仕入段階での税の累積を排除することを前提として納税額を計算するしくみになっていますので、課税売上によって消費税を転嫁する事業者は、仕入にかかる消費税を控除することができます。しかし、最終的に消費を行い、資産の譲渡等を行わないことで消費税を転嫁できない最終消費者は、仕入にかかる消費税も控除することができないため、支払った消費税を自己で負担することになります。この点、事業者が計上する非課税売上には消費税が課税されていないため、商品等の販売先に消費税を転嫁することができません。最終消費者と同様に、消費税を転嫁できないと仕入にかかる消費税も控除することはできないので、結果的に非課税売上に対応する仕入は、たとえそれが課税仕入であったとしても控除することはできません。

つまり、非課税売上が多くなると、売上の消費税から控除できない課税仕入にかかる消費税が多くなり（＝事業者の自己負担額が多くなり）、納税額も多くなるのです。

4

輸出免税取引 ★★

日本国内から輸出される物品等は「０％課税」

（1）国際間の二重課税を防ぐ輸出免税

事業者が日本国内において物を販売したり、物を貸し付けたり、またはサービスを提供したりした場合、非課税とされるもの以外のもの（**課税資産の譲渡等**）には消費税が課税されます。日本の消費税は消費地課税主義によって、国内において消費・使用される物や提供されるサービスについて課税することとしていますので、輸出されることにより、結果的に国外で消費が行われるものについてまで課税することは適当ではありません。

しかも、日本国内から輸出される物品等は、通常、それらが消費される国において、その国の消費税が課税されることになっているので、日本の消費税を課税してしまうと国際間における二重課税の問題が発生します。

そこで、物やサービスの消費に対して課税される消費税は、その物やサービスが消費・使用される国で課税することとし、輸出する国では消費税の負担がないように調整することが慣行となっています。

しかし、調整のために輸出取引を非課税の扱いにしてしまうと、仕入の段階での消費税を控除できなくなり、輸出業者は利益の確保のために負担した消費税分だけ輸出価格を引き上げざるを得なくなります。そうすると、実質的に税負担を国外に求めることと同じ結果となり、国際的な価格競争力の低下という問題に発展してしまいます。

このため、**日本国内から輸出される物品等については、仕入にかかる消費税を控除することができるように課税取引の扱いとし**、消費税は免除（いわゆる「０％課税」）することになっているのです。

なお、輸出免税の適用を受けるのは、次の要件をすべて満たすものです。

①消費税の申告納税を行う事業者が行うものであること

②国内において行われる資産の譲渡等であること

③消費税が課税される資産の譲渡等であること

④日本からの輸出として行われるものであること

【日本国内で販売・海外で消費される場合は0%課税】

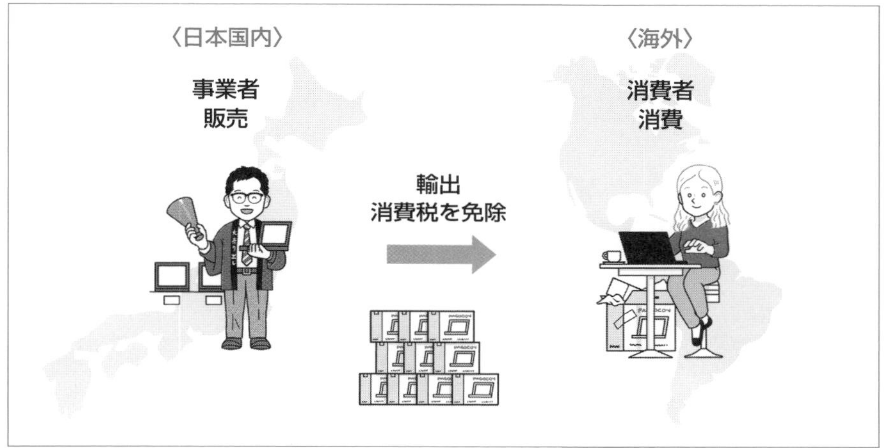

そして、輸出免税の適用を受けるためには、輸出許可証などの書類を申告期限から7年間保存しなければなりません。

（2）輸出免税取引の税額計算上の取扱い

輸出免税取引には消費税が0%で課税されているので、その売上（輸出免税売上）は、売上にかかる消費税の計算には関係ありません。また、国際運賃や国際電話料金などのように輸出免税の適用を受ける仕入についても、消費税は0%課税とされていることから実質的に消費税の支払いはなく、税額計算上は関係させません。

一方で、たとえば海外に輸出する商品を日本国内で仕入れた場合のように、輸出免税売上に対応する課税仕入にかかる消費税は、納税額の計算を本則課税で行う場合は控除することができます。

5

課税区分の判定 ★

国内取引を４つの課税区分に正しく振り分ける

これまで説明してきたとおり、消費税の国内取引には大きく分けて４つの課税区分（課税取引、輸出免税取引、非課税取引、課税対象外取引）があります。消費税を正しく計算するためには、この課税区分の理解が非常に重要だということがおわかりいただけたと思いますが、課税区分と消費税額計算の関係をまとめると次表のとおりです。

【課税区分と消費税額計算の関係】

課税区分		売上	仕入
国内取引	課税取引	関係する	関係する
	輸出免税取引	関係する	関係しない
	非課税取引	関係する	関係しない
	課税対象外取引 （国外取引を含む）	関係しない	関係しない
輸入取引	課税貨物	―	関係する
	非課税貨物	―	関係しない

国内取引の課税区分判定に迷ったときは、次ページのフローチャートを参考にしてください。

【国内取引の課税区分判定フローチャート】

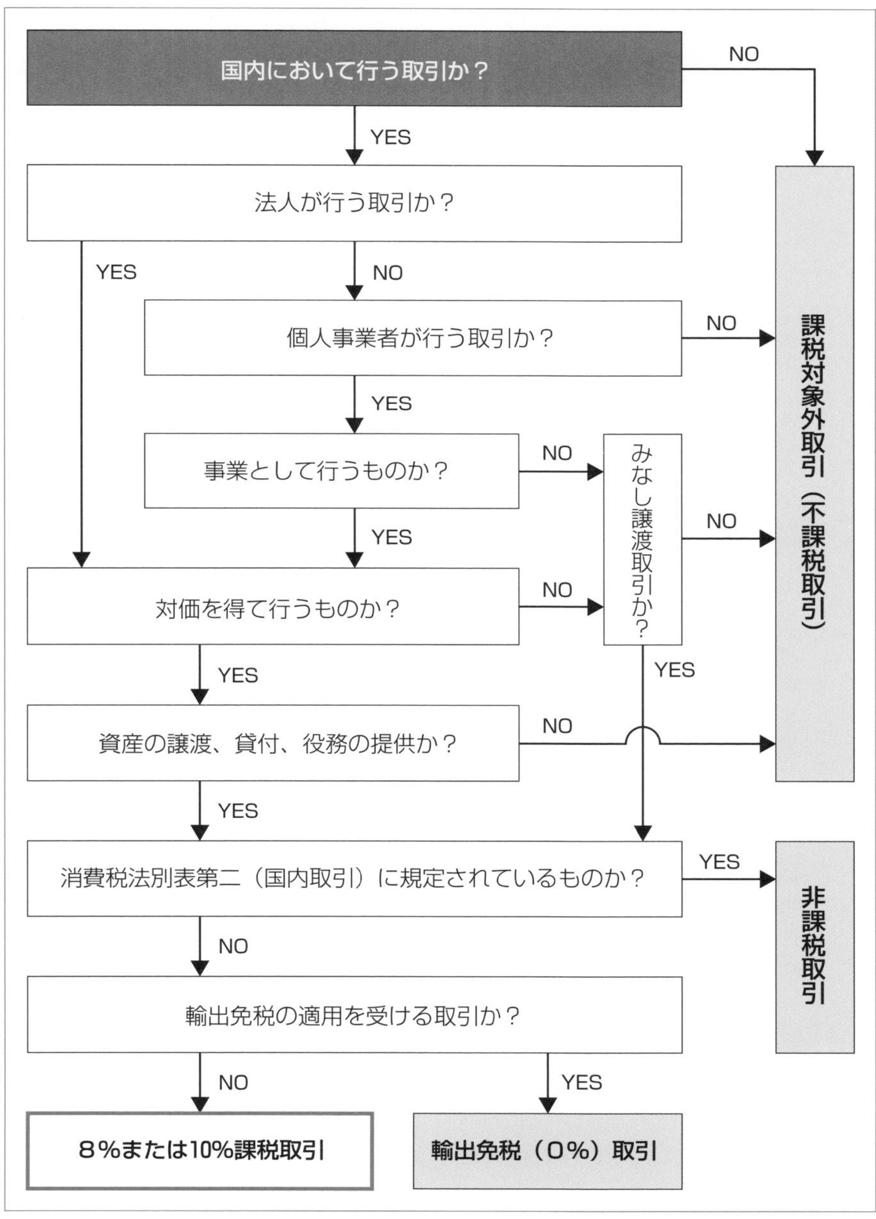

6

軽減税率制度 ★

一定の要件を満たす飲食料品と新聞が対象になる

（1）軽減税率の対象となるもの

消費税の軽減税率（8.0％＝国税6.24％＋地方税1.76％）の適用対象となるのは、①飲食料品の譲渡、②定期購読契約による新聞の譲渡、③飲食料品の輸入、の3つです。

【軽減税率の対象となる「飲食料品」のイメージ】

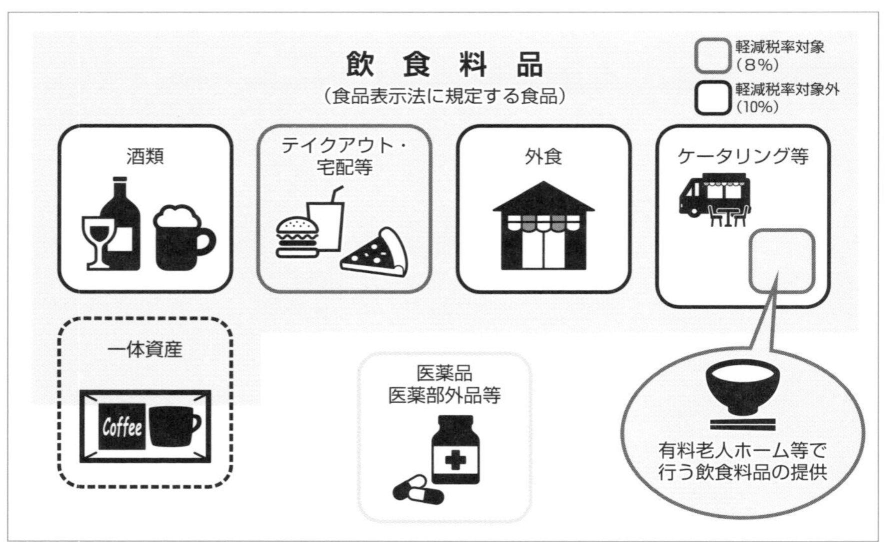

ここがポイント！

- 単に飲食料品の譲渡のみであるか、飲食料品の譲渡に伴うサービスの提供があるかによって税率が区分される

（2）適用税率の判定

①適用税率はどの時点で判定するか

軽減税率が適用される取引かどうかは、飲食料品を提供（販売）する時点で判定します。

事業者（売り手）が、飲食料品として譲渡した場合には、顧客がそれ以外の目的で購入し、またはそれ以外の目的で使用したとしても、その取引は軽減税率が適用されます。反対に、飲食料品以外のものとして譲渡した場合には、顧客がそれを飲食料品として購入し、または実際に飲食したとしても、軽減税率は適用されません。

【飲食料品の適用税率の判定】

軽減税率（8%）	標準税率（10%）
販売する事業者が人の飲食用として譲渡した場合	販売する事業者が人の飲食用以外のものとして譲渡した場合
人の飲食用として販売されているものを顧客が飲食以外の目的で購入・使用した場合	人の飲食用以外のものとして販売されているものを顧客が飲食の目的で購入・飲食に供した場合

売り手が飲食料品として販売したかどうかで決まるのね！

7 課税期間 ★

消費税の課税期間は、原則として所得税・法人税と同じ

（1）原則

消費税の納税額を計算する期間のことを「**課税期間**」といいます。消費税の課税期間は、原則として、所得税や法人税の課税所得の計算期間と同じ期間になっています。これは、所得税や法人税とは別に消費税独自の計算期間を定めると、消費税申告のためだけに必要な事務作業が増加してしまうことに配慮した結果です。

①個人事業者は暦年

個人事業者の課税期間は暦年（１月１日から12月31日までの期間）です。個人が新たに事業を開始した場合における最初の課税期間の開始の日は、その事業を開始した日がいつであってもその年の１月１日となります。

また、個人事業者が年の中途で事業を廃止した場合は、その事業を廃止した日の属する年の１月１日から12月31日（課税期間を短縮している場合には、その事業を廃止した日を含む短縮期間の末日）となります。

②法人は事業年度

法人の課税期間は事業年度です。新たに設立された法人の最初の課税期間の開始の日は、法人の設立の日となりますが、この場合の設立の日とは、設立の登記により成立する法人にあっては設立の登記をした日、行政官庁の認可または許可によって成立する法人にあってはその認可または許可の日をいいます。

また、法人の解散があった場合等には、その事業年度開始の日から解散の日までの期間、その他法令等で定められた期間となっています。

なお、法人が会社法等の規定により組織変更等をして他の組織または種類の法人となった場合には、組織変更等前の法人の解散の登記、組織変更

等後の法人の設立の登記にかかわらず、その法人の課税期間は、その組織変更等によって区分されることなく継続します。

個人事業者 … 暦年（1月1日から12月31日までの期間）
法　　　人 … 事業年度

（2）課税期間の特例（課税期間の短縮）

たとえば、日本国内から輸出を行う事業者は、国内での商品調達の際に仕入にかかる消費税等を支払う一方で、売上は輸出免税の適用を受けるため消費税等が免税となり、申告によって消費税が還付されることになります。ところが、原則どおり１年に１度の申告では、還付される消費税分の運転資金が必要になってしまいますので、輸出業者はできるだけ早く申告して還付を受けるほうが有利です。そのため消費税法では、**課税期間を３か月単位または１か月単位に短縮することが認められています。**

【課税期間の短縮】

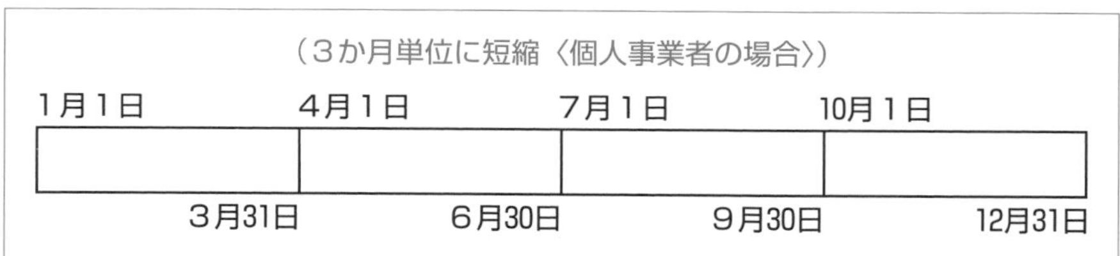

①課税期間を短縮するための手続き

課税期間を短縮するためには、納税地（一般的には個人事業者は住所地、法人は本店所在地）を所轄する税務署長に「消費税課税期間特例選択（変更）届出書」を提出する必要があります。

②課税期間の短縮をやめるための手続き

課税期間特例の選択をやめようとする場合には、「消費税課税期間特例選択不適用届出書（以下「不適用届出書」という）」を納税地の所轄税務署長に提出しなければなりません。事業を廃止した場合は、「事業廃止届出書」を提出すれば、不適用届出書の提出があったものとして取り扱われます。

なお、不適用届出書は、事業を廃止した場合を除き、課税期間短縮の効力が生じた日の属する課税期間の初日から２年を経過する日の属する課税期間以後でなければ提出することはできません。つまり、**最低でも２年間は短縮した課税期間による申告を継続しなければ元の課税期間に戻ることはできません。**

8

申告・納税 ★★★

課税事業者は申告期限までに申告と納税が必要

（1）課税取引についての確定申告

①通常の場合の申告期限

消費税の申告・納税を行う課税事業者は、課税期間ごとに、原則として**課税期間の末日の翌日から２か月以内**に、一定の事項を記載した確定申告書を税務署長に提出し、確定消費税額を納付しなければなりません。ただし、国内における輸出免税売上以外の課税売上がなく、かつ、納付すべき消費税額がない課税期間については、確定申告書を提出する義務はありません。

個人事業者の場合、特例により12月31日の属する課税期間にかかる確定申告書の提出期限は、翌年３月31日となります。振替納税を利用する場合は４月下旬に申告税額の振替が行われます。

また、法人税の申告期限の延長特例を受ける法人が、「消費税申告期限延長届出書」を提出すれば、各事業年度終了の日の属する課税期間の確定申告期限が１か月延長されます。

ここがポイント！

- 原則　…　課税期間の末日の翌日から２か月以内に申告・納税
- 個人事業者の特例　…　12月31日の属する課税期間にかかる確定申告書の提出期限は翌年３月31日

なお、課税事業者は、確定申告の義務がない場合であっても、還付税額がある場合には還付申告書を提出して還付を受けることができます。

②清算中の法人の申告期限

清算中の法人であっても、通常の場合と同様に、課税期間の末日の翌日から２か月以内に確定申告書を提出し、納税を行わなければなりません。

清算中の法人の残余財産が確定した場合には、残余財産が確定した日の翌日から１か月以内に、申告および納付をしなければなりません。

③亡くなった個人事業者の準確定申告

次の図の課税期間Ⓐ（X1年１月１日～12月31日）について確定申告書を提出すべき個人事業者が、その課税期間の末日の翌日から確定申告書の提出期限までの間に確定申告書を提出しないで死亡した場合（事例：X2年３月10日）には、その相続人は相続の開始があったことを知った日の翌日から４か月以内（X2年７月10日まで）に、その死亡した者の確定申告書を提出しなければなりません。

また、図のX2年１月１日～12月31日の課税期間の中途において個人事業者が死亡した場合（X2年３月10日）において、その者のその課税期間分の消費税について確定申告書を提出しなければならない場合も同様に、その相続人は相続の開始があったことを知った日の翌日から４か月以内（X2年７月10日まで）に、課税期間Ⓑ（X2年１月１日～X2年３月10日）について、その死亡した者の確定申告書を提出しなければなりません（これらの手続きを「準確定申告」という）。さらに、死亡した者の相続人は「個人事業者の死亡届出書」を提出する義務を負います。

【亡くなった個人事業者の準確定申告】

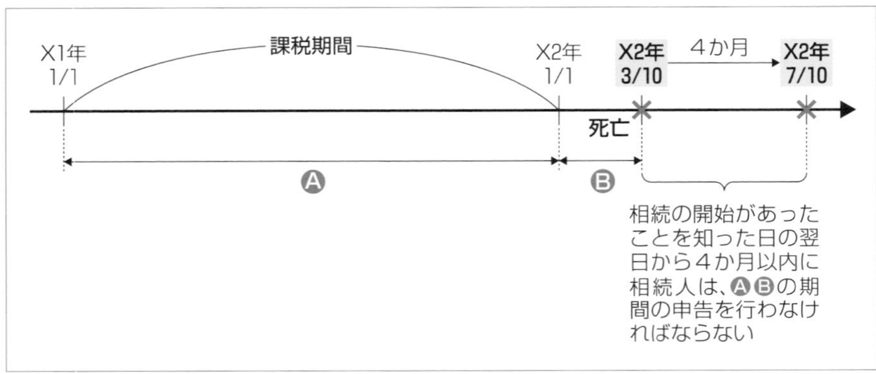

④**還付申告**

その課税期間の売上にかかる消費税額から仕入にかかる消費税額等を控除して控除しきれない金額（**控除不足還付税額**）は、確定申告をすることによって還付されます。

また、中間納付額についても、その課税期間の課税標準額に対する消費税額から控除して控除しきれない金額（**中間納付還付税額**）は、確定申告によって還付されます。

なお、電子申告で提出するほうが還付までに要する期間は短いようです。

（2）中間申告

事業者が確定申告により消費税を納付することとなるのは、通常で期首から14か月目になりますが、預り金的な性格の強い消費税が、事業者の下で長期間滞留するのは決して好ましいことではありません。そのため、年税額の前払いとしての中間申告制度が設けられています。

①**前課税期間の実績による中間申告**

次表のとおり、前課税期間の確定消費税額（その中間申告対象期間の末日までに確定した金額であり、地方消費税は含まない）に応じて中間申告の申告回数と納税額が定められており、提出期限内に中間申告書を提出し、かつ納税を行わなければなりません。

【前課税期間の実績による中間申告】

直前の課税期間の確定消費税額	中間申告回数	中間納付税額
年税額4,800万円超	年11回	直前課税期間の年税額 ÷直前課税期間の月数
年税額400万円超 4,800万円以下	年３回	（直前課税期間の年税額 ÷直前課税期間の月数）×３
年税額48万円超 400万円以下	年１回	（直前課税期間の年税額 ÷直前課税期間の月数）×６
48万円以下	不要	不要

②中間申告対象期間および提出期限

初めて消費税の申告をする場合、次年度に年11回または年３回の中間申告を行わなければならないことはきわめて希でしょうから、直前期の年税額が48万円超400万円以下の場合（年１回の中間申告）について説明します。

年１回の中間申告対象期間はその課税期間開始の日以後６月の期間で、提出期限はその中間申告対象期間の末日の翌日から２か月以内です。個人事業者の場合は１月１日から６月30日までが中間申告対象期間で、申告と納税は原則として８月31日が期限です。確定申告の場合と同様に、振替納税を利用する場合には９月下旬に申告税額の振替が行われます。

ここがポイント！

- 中間申告の場合も２か月以内に申告と納税が必要

③中間申告が不要な場合

以下の場合には、中間申告は不要です。

●課税期間を短縮している事業者
●個人事業者の事業を開始した日の属する課税期間（相続による承継を含む）
●事業年度が３か月以下の法人
●法人の設立の日の属する課税期間（合併による設立を除く）
●前課税期間の確定消費税額の年税額が48万円以下の事業者

④仮決算による中間申告

前課税期間の実績による中間申告書を提出すべき事業者は、前課税期間実績による中間申告に代えて、中間申告対象期間を１つの課税期間とみなして、仮決算による中間申告を行うことができます。

⑤みなし中間申告

中間申告書を提出すべき事業者が、その中間申告書を提出期限までに提出しなかった場合には、その提出期限において、前課税期間の実績による中間申告書の提出があったものとみなされます。

⑥任意の中間申告

中間申告義務のない事業者は、１年に一度、１年分の税額を納税することになりますが、計画的に納税資金を確保するのが難しい事業者の滞納を未然に防止するため、任意の中間申告制度が設けられています。

（イ）任意の中間申告を行うための手続き

任意の中間申告を行おうとする事業者は、６月中間申告書を提出する旨を記載した届出書（「任意の中間申告書を提出する旨の届出書」）を、その納税地の所轄税務署長に提出すれば、その提出日以後にその末日が最初に到来する６月中間申告対象期間から、中間申告を行うこととなります。

任意の中間申告による納税額は、原則として直前の課税期間の確定消費税額の６か月相当額ですが、仮決算によって計算した納付税額によることもできます。

（ロ）任意の中間申告をやめるための手続き

任意の中間申告をやめようとするときは、その旨を記載した届出書（「任意の中間申告書を提出することの取りやめ届出書」）を、納税地の所轄税務署長に提出しなければなりません。任意の中間申告をやめる旨の届出書の提出があった場合には、その提出があった日以後にその末日が最初に到来する６月中間申告対象期間から適用がなくなります。

（ハ）任意の中間申告書の提出がなかった場合

上記（イ）の届出書を提出した事業者が、６月中間申告書をその提出期限までに提出しなかった場合には、その事業者は上記（ロ）の届出書をその６月中間申告対象期間の末日に提出したものとみなされます。

なお、任意の中間申告の場合には、上記⑤のみなし中間申告の規定の適用はありません。

（3）輸入申告

①申告および納税

課税貨物を保税地域から引き取ろうとする者は、他の法律等の規定により引取りにかかる消費税を免除される場合を除き、申告書を税関長に提出し、引取日までに納税をしなければなりません。

②納期限の延長

税関長に申請書を提出して担保を提供した場合には、課税貨物について課される消費税について、３か月以内の期間に限り、納期限の延長が認められています。

第3章

消費税の納税と免税のルール

1

納税義務者 ★

国内で課税取引を行うすべての事業者に納税義務がある

国内取引の消費税は、消費者が負担し、事業者が納めるのが原則です。しかし、消費税では所得税や法人税とは違い、事業者の事業規模に配慮して申告と納税を免除する独特のルールがあります。

（1）国内取引の納税義務者

すべての事業者は、原則として、国内において行った課税資産の譲渡等について納税義務者（消費税を納めなければならない者）となり、事業者以外の消費者などには納税義務はありません。

事業者とは個人事業者および法人をいい、国や地方公共団体、公益法人、マンションの管理組合や学校のPTAなどの人格のない社団等も含まれます。事業者が国内で行う課税取引については納税義務が発生しますが、国外において行った取引については、そもそも消費税の課税対象外なので納税義務は発生しません。

なお、事業者であれば、国内に住所等を有しているかどうかは問いません。非居住者や外国法人でも、国内において課税対象となる取引を行うかぎり、納税義務者となります。また、事業者に納税義務が生じる課税資産の譲渡等とは、事業として対価を得て行う資産の譲渡等のうち非課税とされるもの以外のものとされています。

事業者が行う取引でも、個人事業者が家事用資産を譲渡する行為は、事業ではないため納税義務は発生しません。また、資産を贈与する行為も、対価のない取引であるため、原則として納税義務は発生しません。

（2）輸入取引の納税義務者

保税地域から外国貨物を引き取る者は、課税貨物について納税義務者となります。輸入取引については、事業者であるか否かを問わず、たとえ消費者でも納税義務者となります。

2

小規模事業者の納税義務の免除 ★★★

基準期間および特定期間の課税売上高で判定する

（1）免税事業者となる要件

国内で課税取引を行ったすべての事業者には納税義務が発生します。しかし、納税額が少額である小規模事業者に申告・納税させることは、小規模事業者の事務負担を増加させ、必ずしも合理的とはいえません。

そこで、事業者のうち、その課税期間の**基準期間**（本章３項参照）における**課税売上高（税抜）が1,000万円以下**で、かつ、**特定期間**（本章３項参照）における**課税売上高が1,000万円以下**の者については、その課税期間は消費税を納める義務を免除することとしています。この制度により消費税の納税義務が免除される事業者のことを「**（小規模）免税事業者**」といいます。一方で、基準期間における課税売上高が1,000万円超である事業者、または特定期間における課税売上高が1,000万円超である事業者は、消費税の申告・納税が必要な「**課税事業者**」となります。

なお、インボイス制度の開始により規定された**インボイス発行事業者**（第５章参照）には**消費税の申告・納税義務**があります。

（2）判定における注意点

この納税義務の免除の規定ですが、当課税期間の課税売上高とはまったく関係ない点に注意が必要です。納税義務の有無は、あくまで「基準期間および特定期間における課税売上高」によって判定されるため、たとえば、基準期間における課税売上高および特定期間における課税売上高が1,000万円以下であれば、当課税期間の課税売上高が100億円でも免税事業者となり申告・納税は必要ありません。逆に、基準期間における課税売上高または特定期間における課税売上高が1,000万円を超える課税期間においては、当課税期間の課税売上高が１万円でも課税事業者となり、申告・納税を行わなければなりません。

3

基準期間と特定期間　★★★

課税売上高の計算方法と納税義務の判定における注意点

（1）基準期間の課税売上高による判定

①基準期間とは

納税義務の有無を判定する**基準期間**は、個人事業者の場合は前々年、法人の場合は原則として前々事業年度です。前々事業年度が１年未満の法人については「その事業年度開始の日の２年前の日の前日から同日以後１年を経過する日までの間に開始した各事業年度を合わせた期間」が基準期間となります。

ここがポイント！

- **個人事業者の基準期間　…　その年の前々年**
- **１年決算法人の基準期間　…　その事業年度の前々事業年度**

消費税は税の転嫁を予定する税金であり、当期が開始するまでに判断できないと消費者や取引先事業者への周知は難しいため、個人事業者は前々年、法人については前々事業年度で判定することになっています。前々年や前々事業年度の売上高で判定するのは、前年や前事業年度の売上高で判定すると、売上高の集計ができる頃には当期が開始しているからです。

ところで、開業１期目と２期目については基準期間の売上高がない、または基準期間そのものが存在しないため、原則として免税事業者になります。ただし、資本金が1,000万円以上で設立された法人や、相続により事業を承継した個人事業者などは特例により課税事業者として申告・納税が必要です（本章５項および６項参照）。また、免税事業者であっても、自ら進んで課税事業者となることもできます（本章４項参照）。

なお、インボイス発行事業者の登録申請は、本来は課税事業者でないと行うことができません。ただし、免税事業者でも令和５年10月１日から令和11年９月30日までの日の属する課税期間中に登録を行う場合には、「消費税課税事業者選択届出書」（本章４項参照）を提出することなく登録申請を行うことができます。

インボイス制度の導入によって、事業開始と同時にインボイス発行事業者として登録を希望する事業者は、事業を開始した課税期間の末日までに登録申請を行って登録がされた場合には、事業を開始した課税期間の初日からインボイス発行事業者となることができます。また、上記期間においては、課税期間の途中からインボイス発行事業者の登録をすることもできます（第５章２項参照）。

【基準期間の判定例】

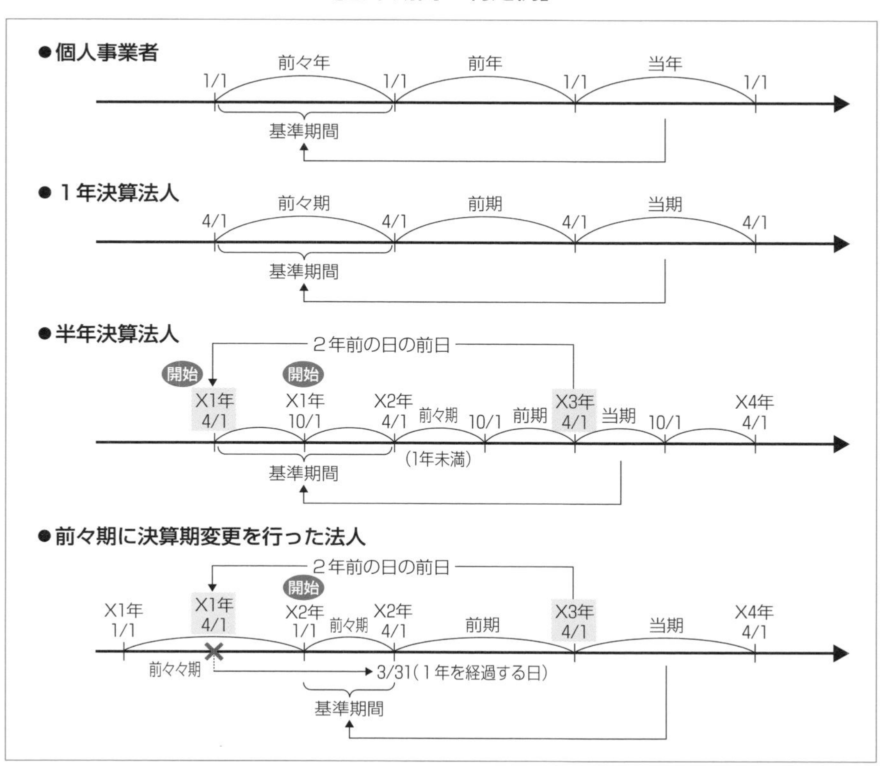

②基準期間における課税売上高の計算

基準期間における課税売上高は、以下の算式により計算します。

- **個人事業者および基準期間が１年である法人**
  基準期間中の課税売上高（税抜）
- **基準期間が１年でない法人**
  基準期間中の課税売上高（税抜）÷基準期間の月数（注）×12

（注）月数は暦に従って計算し、１か月未満の端数があるときはこれを１か月として計算します。

年の中途で開業した個人事業者が、３年目の納税義務について判定を行う場合、基準期間である開業年の課税売上高を年換算する必要はありません。

基準期間が１年でない法人とは、たとえば、設立３期目の１年決算法人などが考えられます。法人の設立事業年度は、ほとんどの場合１年未満となることが多く、年換算が必要です。

上記の算式でおわかりのように、「基準期間中の課税売上高」は消費税抜の金額です。基準期間において免税事業者であった場合には、その期間中に国内において行った課税売上については消費税等が課されていません。したがって、**基準期間において免税事業者であった場合の基準期間における課税売上高は税抜処理をする必要はなく、そのままの金額で計算します。**たとえば、基準期間において免税事業者であった場合、その基準期間における課税売上高が110万円であった場合には、110万円をもとに計算し判定することになります。

なお、基準期間における課税売上高は、次ページの表の記載事項に注意して計算しましょう。

③課税事業者・免税事業者になった旨の届出書

基準期間における課税売上高が1,000万円を超えたことにより、課税事業者となる場合には、「消費税課税事業者届出書（基準期間用）」を速やか

【基準期間における課税売上高】

含めるもの	８％または10％課税売上高 みなし譲渡による課税売上高 輸出免税等の免税売上高
控除するもの	売上返品 売上値引 売上割戻し 販売奨励金 売上割引
控除しないもの	貸倒れになった課税資産の譲渡等の対価の額

に納税地の所轄税務署長に提出しなければなりません。この届出書は税務署に対する通知の意味合いがあり、免税事業者が自ら進んで課税事業者となるために提出する「消費税課税事業者選択届出書」（本章４項参照）とはまったく異なるものです。

また、基準期間における課税売上高が1,000万円以下となったことにより免税事業者になる場合には、「消費税の納税義務者でなくなった旨の届出書」を速やかに納税地の所轄税務署長に提出しなければなりません。「消費税課税事業者届出書（基準期間用）」と同様に、この届出書も税務署に対する通知の意味合いがあり、課税事業者を選択していた事業者がその選択をやめる場合に提出する「消費税課税事業者選択不適用届出書」（本章４項参照）とはまったく異なるものです。

なお、いずれの届出書も提出を失念した場合のペナルティはありませんが、事業者自身の納税義務の有無を確認する意味でも、忘れずに提出しておきましょう。

（2）特定期間の課税売上高による判定

短期間で急成長した会社や、免税事業者となるために意図的に決算期を変更した会社について、基準期間における課税売上高のみで納税義務の有無を判定する方法は、必ずしも会社の実態を反映しているとはいえません。そこで、特定期間における課税売上高とあわせて納税義務の有無を判定することになっています。

①特定期間とは

納税義務の有無を判定する「**特定期間**」は、原則として直前期の上半期です。

ここがポイント！

- **個人事業者の特定期間**
  …その年の前年１月１日から６月30日までの期間
- **前事業年度がある法人の特定期間**
  …その事業年度の前事業年度開始の日以後６か月の期間

ただし、前事業年度が７か月以下の新設の法人にはこの規定は適用されません。また、月の中途で設立した法人の前事業年度終了の日が月の末日である場合で、前事業年度の開始日から６か月の期間の末日が月末でないときは、その直前の月の末日までの期間を特定期間とすることになっています。

たとえば、１月15日に12月31日を決算日とする法人を設立した場合の設立２期目については、1月15日から６か月目が７月14日となるので、１月15日から６月30日が特定期間となります。

②特定期間における課税売上高の計算

特定期間における課税売上高は、基準期間における課税売上高の計算と同様に計算します。なお、基準期間における課税売上高を計算する際には、基準期間が１年でない場合には課税売上高を１年分に換算しますが、特定期間における課税売上高の計算では、たとえその期間が６か月未満であっても６か月分に換算する必要はありません。

③給与等の金額による判定も可能

特定期間における課税売上高により納税義務の有無の判定を行う場合において、課税売上高に代えて、特定期間中に支払った給与等の金額の合計額で判定することもできます。

この給与等とは、その支払いを受ける者において給与所得に該当するものをいい、所得税の課税対象とされる給与、賞与等が該当し、所得税が非課税とされる通勤手当、旅費等は該当しません。また、特定期間中において支払った給与等の金額には、未払額は含まれません。

④特定期間の課税売上高または給与等の金額による判定のまとめ

基準期間における課税売上高が1,000万円以下である事業者について、特定期間における課税売上高または給与等の金額により納税義務の有無を整理すると下表のようになります。

【特定期間における納税義務の判定】

	課税売上高 1,000万円超	課税売上高 1,000万円以下
給与等支払額 1,000万円超	課税事業者	課税・免税の選択可
給与等支払額 1,000万円以下	課税・免税の選択可	免税事業者

上記の表で「課税・免税の選択可」とあるのは、その事業者が「課税売上高」での判定を選択するのか、または「給与等支払額」での判定を選択するのかによって、課税事業者または免税事業者のいずれか都合のよいほうを自由に選択できるという意味です。

また、基準期間や特定期間の納税義務の有無の判定で免税事業者となった場合でも、特例により課税事業者となることがあります（本章５項および６項参照)。なお、免税事業者でも、前述のとおりインボイス導入に伴う経過措置により登録申請を行い、インボイス発行事業者となることができます。インボイス発行事業者として登録されれば、登録されている間は納税義務の有無を判定するまでもなく、課税事業者として消費税の申告・納税が強制されます（第５章参照)。

なお、特定期間中の課税売上高と給与等の支払額により判定した結果課税事業者となる場合には、「消費税課税事業者届出書　（特定期間用）」を速やかに納税地の所轄税務署長に提出しなければなりません。この届出書は税務署に対する通知の意味合いがあり、免税事業者が自ら進んで課税事業者となるために提出する「消費税課税事業者選択届出書」（本章４項参照）とはまったく異なるものです。

【基準期間・特定期間による納税義務の判定フローチャート】

基準期間はあるか？

NO

YES

NO

特定期間はあるか？

NO

基準期間における課税売上高は1,000万円超か？

YES

YES

特定期間における課税売上高は1,000万円超か？

YES

特定期間中に支払った給与等の合計額は1,000万円超か？

YES

NO

特定期間中に支払った給与等の合計額は1,000万円超か？

YES

NO

NO

免税事業者

課税事業者・免税事業者の選択可

課税事業者

4

課税事業者の選択 ★★

消費税の還付を受けるためには課税事業者であることが必要

(1) 免税事業者は仕入税額控除ができない

免税事業者は、消費税を申告する義務も納税する義務もありません。したがって、設備投資などにより多額の仕入にかかる消費税を支払ったとしても、申告書を提出できないため消費税の還付を受けることができません。そのため、還付を受けるためには、自ら進んで課税事業者またはインボイス発行事業者になっておく必要があります。

インボイス制度の導入により、インボイス発行事業者として登録申請を行おうとする免税事業者は、本来なら下記(2)の「消費税課税事業者選択届出書」を提出して課税事業者にならなければ、登録申請を行うことができません。ただし、本章3項で説明したとおり、令和5年10月1日から令和11年9月30日までの日の属する課税期間中に登録を行う場合には、「消費税課税事業者選択届出書」を提出することなく、登録申請を行ってインボイス発行事業者となることができます(第5章も参照)。上記の期間中に、事業を開始した課税期間の初日から登録を受ける免税事業者や、課税期間の途中から登録を受ける免税事業者などの利用が考えられます。

結局、令和5年10月1日から令和11年9月30日までの日の属する課税期間中に「消費税課税事業者選択届出書」の提出が必要となる事業者は、インボイス発行事業者になる必要はないが課税事業者になる必要がある事業者です。たとえば、顧客からインボイスの交付を要求されることがほとんどなく、売上規模の小さい免税事業者で、設備投資等で支払う消費税額が売上時に預かる消費税額を大きく上回るため、還付申告を行って消費税の還付を受けようとする事業者などが考えられます。

令和11年9月30日までに「消費税課税事業者選択届出書」を提出するのは、設備投資で支払う消費税が預かる消費税を大きく上回るため還付請求をすることになる事業者などです

（2）課税事業者を選択する場合の手続き

①「消費税課税事業者選択届出書」の提出期限と効力

免税事業者が「消費税課税事業者選択届出書」を納税地の所轄税務署長に提出した場合には、**その提出日の属する課税期間の翌課税期間から課税事業者となることができます**。したがって、「消費税課税事業者選択届出書」は、原則として、課税事業者になろうとする課税期間開始の日の前日までに提出しておく必要があります。

ここがポイント！

- 「消費税課税事業者選択届出書」は、課税事業者になろうとする課税期間開始の日の前日までに提出する

②新規開業等の場合

新規開業の場合などは、開業の日の属する課税期間において多額の設備投資を行っていることがあります。これらの仕入税額の還付を受けるためには課税事業者であることが必要ですが、その課税期間の開始日の前日までに届出書を提出するのが難しい場合には、**その課税期間中に提出すれば、その課税期間の初日から課税事業者となることができます**。

（3）課税事業者選択をやめようとする場合の手続き

①「消費税課税事業者選択不適用届出書」の提出期限と効力

「消費税課税事業者選択届出書」を提出した事業者は、課税事業者の選択をやめようとするときは、「消費税課税事業者選択不適用届出書」を納税地の所轄税務署長に提出しなければなりません。この不適用届出書の提出があったときには、**提出日の属する課税期間の翌課税期間**からは課税事業者選択届出書の効力はなくなります。もちろん、不適用届出書を提出すれば無条件に免税事業者になるのではなく、基準期間における課税売上高が1,000万円以下である等の要件を満たせば免税事業者になることができます。

ここがポイント！

- 「消費税課税事業者選択不適用届出書」は、課税事業者の選択をやめようとする課税期間開始の日の前日までに提出する

②提出の制限

「消費税課税事業者選択届出書」を提出した事業者は、事業を廃止した場合を除き、新たに課税事業者となった課税期間の初日から２年を経過する日の属する課税期間の初日以後でなければ、「課税事業者選択不適用届出書」を提出することができません。

ここがポイント！

- 課税事業者を選択すると、少なくとも２年間は課税事業者として申告することが強制される

（4）調整対象固定資産を取得した場合

「消費税課税事業者選択届出書」を提出した事業者が、届出の効力が発生し課税事業者であることが強制される期間中に調整対象固定資産（注）を取得し、本則課税（第４章８項参照）により計算した場合には、その取得の日の属する課税期間の初日から３年間は課税事業者のままでいることが強制されるとともに、この期間中は簡易課税（第４章５項参照）の適用を受けることもできません。

（注）調整対象固定資産とは、取得時に消費税が課税される棚卸資産以外の資産で、その税抜対価の額が一個または一組につき100万円以上のものをいいます。たとえば、取得対価の額が一棟5,000万円の工場用建物、一台700万円の自動車、一式1,000万円のソフトウェア（金額はすべて税抜）などです。ただし、棚卸資産は除外されるので、不動産販売会社が取得する販売用建物や、自動車販売会社が取得する販売用の自動車などは調整対象固定資産には該当しません。

5

納税義務の免除の特例　その１　★

新たに設立された一定の法人については納税義務が免除されない

新たに設立された法人の設立事業年度は、基準期間・特例期間ともに存在せず、原則として納税義務が免除されます。また、第２期には基準期間が存在しないため、特定期間による課税売上高により判定することとなりますが、設立事業年度が７か月以下の場合には特定期間も存在せず、結果的に納税義務が免除されることになります。

しかし、新たに設立された法人でも、資本規模が大きい法人や大規模事業者に支配されている法人についてまで納税義務を免除することは適当ではないので、一定の法人には納税義務の免除の特例が設けられています。

（１）新設法人の納税義務の免除の特例

たとえば、資本金1,000万円以上で新設された法人のように、事業年度開始の日における資本金の額または出資の金額が1,000万円以上である社会福祉法人等以外の法人（新設法人）については、設立１期目や２期目のように基準期間がない課税期間において納税義務は免除されず、課税事業者となります。

なお、この基準期間のない課税期間中に調整対象固定資産を取得した場合には、本章４項の（４）の適用があります。

（２）特定新規設立法人の納税義務の免除の特例

資本金1,000万円未満の法人を設立した場合、この法人は原則として設立後２年間は納税義務が免除されます。ただし、基準期間に相当する期間の課税売上高が５億円を超える大規模事業者に支配されている新設の法人（特定新規設立法人）については、基準期間がない課税期間での納税義務は免除されず、課税事業者となります。

なお、この基準期間のない課税期間中に調整対象固定資産を取得した場合には、本章４項の（４）の適用があります。

6 納税義務の免除の特例　その２ ★

課税の公平性から事業者の課税売上高以外の要素も考慮される

（1）租税回避につながりそうなときは納税義務は免除されない

実態として課税事業者の要件を備えているにもかかわらず、単純にその事業者の基準期間の課税売上高の判定のみで納税義務を免除すると、消費税の課税回避につながり、課税の公平性が保てなくなることがあります。

そのため、次の場合において一定の要件を満たすときは、納税義務は免除されず、課税事業者として申告・納税が必要となります。

【納税義務が免除されない場合】

- 相続により事業を承継した場合
- 吸収合併により事業を承継した場合
- 新設合併により事業を承継した場合
- 新設分割等により事業を承継した場合
- 吸収分割により事業を承継した場合
- 高額特定資産（注）を取得した場合

（注）高額特定資産とは、１つの取引単位につき、支払対価の額が税抜1,000万円以上の棚卸資産または調整対象固定資産をいいます。

62ページで説明したとおり、基準期間や特定期間がないような設立間もない法人であっても、インボイス発行事業者として登録を受けた場合には、上記の特例による判定を待つまでもなく、必ず消費税の申告・納税義務が発生します

第 4 章

納税額は
どうやって求める？

1

売上税額の計算 ★★★

税抜の課税売上高に税率を乗じて計算する

（1）国内取引の課税のもとになる金額が課税標準

消費税に限らず、税額は課税標準に税率を乗じて計算します。

「**課税標準**」とは、課税対象となる物件を金額や数量で表した税額計算の基礎になるもので、この課税標準を合計したものを「**課税標準額**」といいます。

国内取引にかかる消費税の課税標準は、**課税資産の譲渡等（資産の譲渡等のうち非課税取引以外のもの）の対価の額（消費税額等相当額**（注）**を含まない額）**です。課税資産の譲渡等のうち輸出取引等は免税であり課税標準額から除かれるので、結局、課税標準額は**国内の課税売上高の税抜合計額**となります。

（注）標準税率適用の場合は支払対価の額に110分の10を、軽減税率適用の場合は支払対価の額に108分の8.をそれぞれ乗じた金額。

課税資産の譲渡等の対価の額は、当事者間で授受することとした対価の額です。たとえば、小売店が消費者に食料品を販売した場合、対価の額はその食料品の販売価額です。また、資産を交換する場合のように、譲渡する資産の対価として金銭以外の物や権利等を取得した場合には、これらを取得したときにおける時価が対価の額となります。

なお、軽減税率と標準税率それぞれの税額は以下のようにして求めます。

【売上税額（課税標準額に対する税額）の算出方法】

〈軽減税率分〉
軽減税率対象の税込課税売上高×100/108＝軽減税率対象の課税標準額
軽減税率対象の課税標準額×軽減税率＝軽減税率分の消費税額
〈標準税率分〉
標準税率対象の税込課税売上高×100/110＝標準税率対象の課税標準額
標準税率対象の課税標準額×標準税率＝標準税率分の消費税額

上記の方法は「割戻計算」と呼ばれる方法ですが、交付したインボイスの写しに記載された消費税額等（＝消費税と地方消費税）の合計額から売上税額を直接計算する方法（「積上計算」）も採用できます（第５章６項（１）参照）。

消費税率を乗じるもとになるのは税抜の課税売上高なので、受け取った税込金額から本体価額を計算する必要がある

（2）消費税・地方消費税の税率

消費税・地方消費税の適用税率は下表のとおりです。

適用期間		消費税	地方消費税	合計
平成元年４月１日～平成９年３月31日		3％	－	3％
平成９年４月１日～平成26年３月31日		4％	1％	5％
平成26年４月１日～令和元年９月30日		6.3％	1.7％	8％
令和元年10月１日～	飲食料品・定期購読の新聞	6.24％	1.76％	8％
	上記以外	7.8％	2.2％	10％

（3）課税標準となる対価の額の注意点

一般的な取引における対価の額は、たとえば、小売業なら消費者に販売する商品の価額であり、サービス業なら提供するサービスの価額です。課税標準額を計算する場合には、対価の額について次の点に注意する必要があります。

①固定資産を譲渡したときに受領する固定資産税等精算金も対価の額に含める
②個人事業者に支払う報酬等が源泉所得税の対象となる場合には、源泉所得税控除前の報酬金額が対価の額となる
③建物の貸付などに伴う共益費も貸付の対価の額に含める
④自動車の買い替え時のように、新車の販売金額から下取りする自動車の下取り金額を差し引いて決済する場合には、新車の販売金額が対価の額となる
⑤課税資産と非課税資産を一括譲渡した場合には、対価の額を課税資産の譲渡にかかるものと非課税資産の譲渡にかかるものとに合理的に区分（たとえば時価など）する

（4）資産の譲渡等の時期

資産の譲渡等が行われた時期、つまり売上の計上時期は、原則として、資産の譲渡であれば引渡し時、サービスの提供であれば完了時です。これは、所得税における収入金額の計上時期および法人税における収益の計上時期と一致します。みなさんの感覚では、資産の譲渡やサービスの提供が完了した時点で売上を認識し、取引先に請求を行うことになると思いますが、それと同じです。

なお、所得税や法人税では「延払基準」「工事進行基準」などの収益計上時期の特例がありますが、消費税ではこれらは任意適用となっています。

①棚卸資産（商品等）の譲渡の時期

棚卸資産の譲渡を行った日は、原則としてその引渡しのあった日となります。引渡しの日とは、棚卸資産の種類および性質、その販売にかかる契約の内容等に応じて引渡しの日として合理的であると認められる日で、事業者が継続して処理している日です。

【棚卸資産の譲渡の時期】

原則　棚卸資産の引渡しの日
引渡しの日の例 ●出荷した日 ●相手方が検収した日 ●相手方において使用収益ができることとなった日 ●検針等により販売数量を確認した日　など

②請負による資産の譲渡等の時期

請負による資産の譲渡等の時期は、原則として、建設工事など物の引渡しを要する請負契約ではその目的物の全部を完成して相手方に引き渡した日、サービスの提供など物の引渡しを要しない請負契約ではその約したサービスの全部を完了した日となります。

③固定資産の譲渡の時期

固定資産の譲渡の時期は、原則としてその引渡しがあった日となります。引渡しがあった日とは、一般的には代金の決済が完了し、所有権移転登記手続きなどを行った日であると解されています。ただし、その固定資産が土地、建物その他これらに類する資産である場合において、事業者が譲渡に関する契約の効力発生の日を資産の譲渡の時期としているときは、これを認めることとされています。

④賃貸借契約に基づく使用料等を対価とする資産の譲渡等の時期

店舗等の資産の賃貸借契約に基づく使用料等の額（前受けにかかる額を除く）を対価とする資産の譲渡等の時期は、契約または慣習によりその支払いを受けるべき日となります。

2

仕入税額控除 ★★

流通の各段階での税の累積を回避するためのしくみ

（1）なぜ仕入税額控除が行われるのか

消費税の課税の対象は「事業者が行う資産の譲渡等」と規定されており、その課税システム上、最終消費者との取引のみに課税されるのではなく、事業者間の取引においても課税が行われることになっています。消費税を負担するのはあくまでも最終消費者であり、事業者は事業活動の一環として仕入を行っているにすぎず、最終的に消費を行うわけではありません。もし、事業者も消費税を負担することになると、商品が生産されて最終消費者の手元に届くまで、流通の各段階で課税される消費税が仕入原価に上乗せされていき、事業者は利益を確保するために課税された消費税額分だけ販売価額を値上げせざるを得なくなります。そこで、納税額の計算では、事業者が商品を仕入れる段階で支払った消費税を、売上にかかる消費税額から控除することで、事業者の消費税の負担、つまり税の累積を回避するしくみになっています。

このしくみを「仕入税額控除」といいます。つまり、前段階で課税された消費税を排除するための手続きで、所得税や法人税等に規定されている税額控除とその性質が異なるのは、このような理由によるのです。

仕入税額控除のしくみがないと
モノの値段が上がって困ります

（2）控除対象仕入税額の計算方法

売上にかかる消費税額から控除できる仕入にかかる消費税額（控除対象仕入税額）の計算方法は、下表のとおり「本則課税」「簡易課税」「２割特例」の３種類がありますが、「簡易課税」や「２割特例」を選択した場合、実際に支払った消費税額よりも多い金額を控除できることがあったり、逆に、実際に支払った消費税額以下の控除しか認められないこともあります。どの計算方法を選択するかによって、その事業者の納税額が変わるので慎重に判断することが大切です。

【控除対象仕入税額の計算方法】

原則：本則課税（一般課税）	全額控除	課税仕入にかかる消費税額および保税地域からの課税貨物の引取りにかかる消費税額（課税仕入等の税額）の全額を控除する
	個別対応方式	課税売上対応分の課税仕入等の税額の全額と共通対応分の課税仕入等の税額に課税売上割合を乗じた金額を控除する
	一括比例配分方式	課税仕入等の税額に課税売上割合を乗じた金額を控除する
特例：簡易課税		売上の消費税額にみなし仕入率を乗じた金額を控除する
経過措置：２割特例		売上の消費税額の80%を控除税額とする

なお、従来より課税事業者として消費税の申告を行っている事業者はもちろん、令和５年10月１日から令和８年９月30日までの日の属する各課税期間において、インボイス発行事業者に転換したため消費税の申告・納税をすることとなった免税事業者についても、次ページのフローチャートで控除対象仕入税額の計算方法を確認することができます（フローチャート内に「申告時に有利選択」とあるのは、申告書の作成時点でいずれか有利な計算方法を選択することが可能であるという意味）。

【控除対象仕入税額の計算方法フローチャート】

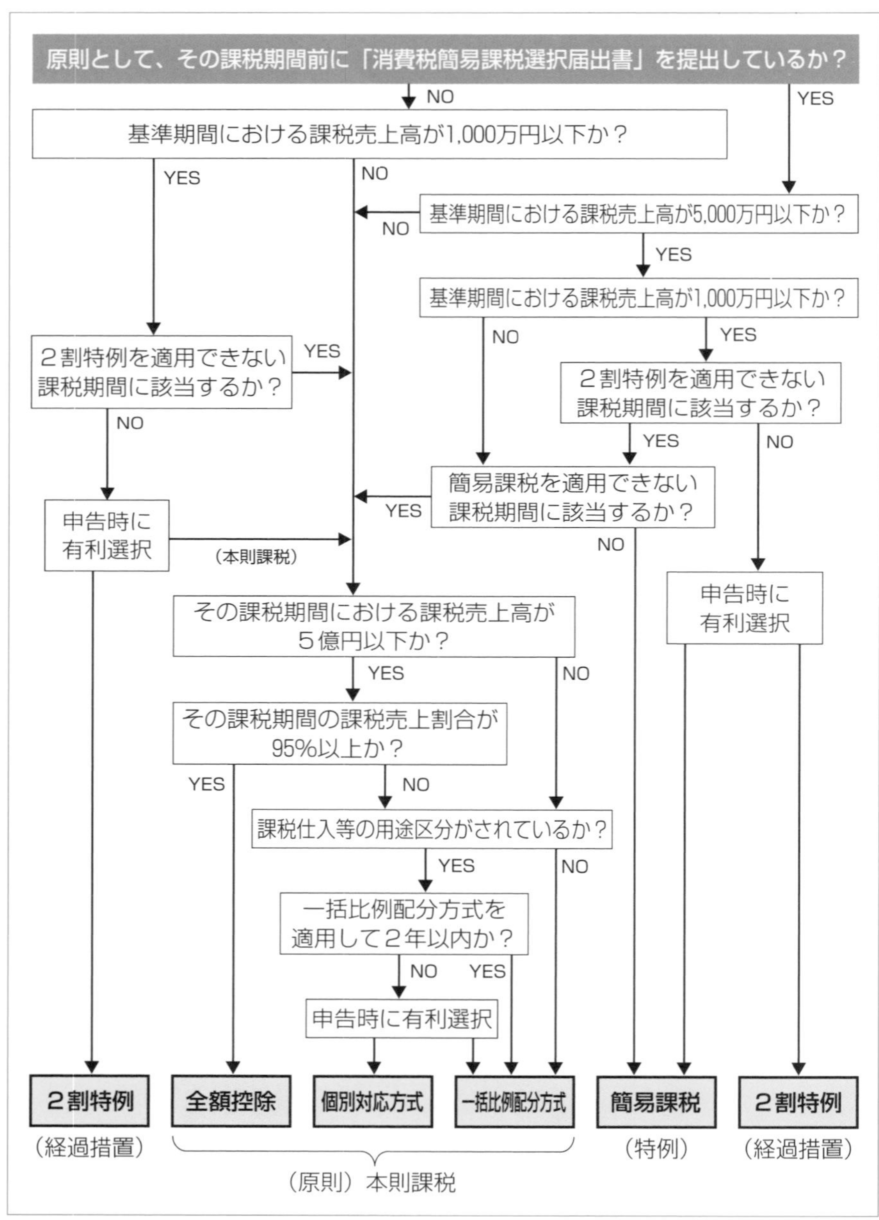

3

控除する仕入税額の計算方法 ★★★

簡易課税と２割特例は、支払った消費税に関係なく計算できる

（1）仕入税額の計算方法の種類と特徴

控除する仕入税額の計算方法は、上記のとおり「本則課税」「簡易課税」「２割特例」の３つがあります。

本則課税は、事業規模に関係なく、すべての事業者が採用できる計算方法です。その課税期間中に実際に支払った消費税額を合計して計算しますが、仕入にかかるインボイスの適格性を確認し、１つひとつの取引の課税区分を判定する作業が必要で、計算に関する規定も多く、３つの中では**最も難易度が高い方法**です。ただし、多額の設備投資を行ったために還付を受けたい場合には、本則課税での計算が必要になります。

簡易課税は、基準期間における課税売上高が5,000万円以下の中小企業を対象とし、消費税が課税される売上を事業別に区分し、事業別に定められた割合（みなし仕入率）を売上にかかる消費税額に乗じて、控除する仕入税額を計算します。実際に支払った消費税額とは関係なく、課税売上のみで控除する税額を計算しますので、**仕入取引の課税区分を判定する必要がなく、仕入先のインボイスの適格性を気にする必要もありません**。したがって、事務負担は本則課税に比べると軽減されているといえます。加えて、事業者によっては、実際に支払った消費税額を超える控除税額が算出され、本則課税よりも有利になることがあります。

２割特例は、インボイス発行事業者の登録を機に申告・納税が必要になった事業者を対象とした**３年間の経過措置**で、簡易課税と同様に課税売上のみで控除税額を計算する方法で、仕入取引の課税区分や仕入先のインボイスの適格性の判断は必要ありません。簡易課税のように売上を事業種類ごとに区分する必要がないので、**最も簡単な方法**だといえます。また、簡易課税と同様に、事業者によっては、実際に支払った消費税額を超える控除税額が算出され、本則課税よりも有利になることがあります。

ここがポイント！

- 簡易課税と２割特例は、実際に支払った消費税額とは一切関係なく仕入控除税額を計算できるから本則課税よりカンタン！

（2）納税額の有利性について

納税額を最小にするためには、課税期間が開始するまでに、上記の３つの計算方法のうちどの方法が最も有利かを試算しておくことが大切です。

このうち「２割特例」は、インボイス制度の導入をきっかけとしてインボイス発行事業者となった免税事業者のみが採用することができ、採用するか否かの判断はその課税期間の消費税の申告時に行うことができるようになっています。したがって、その課税期間の開始前に必要となる手続きはありません。

一方で、「簡易課税」を選択するかしないかの決定は、原則としてその課税期間の開始前に行うことが必要とされています（免税事業者が令和５年10月１日から令和11年９月30日までの日の属する課税期間にインボイス発行事業者の登録を行う場合には、その課税期間中の選択届出が可能。第５章２項（４）参照)。しかも、いったん簡易課税の選択を行えば、最低２年間は取りやめることはできないので、２年間を見越した納税予測を行う必要があることに注意しなければなりません。

試算を行う際には次のような資料が必要です。第６章３項も参考にしながら準備を進めましょう。

①過去の課税売上に関する資料

まず、過去の課税売上高がいくらであったかを確認しましょう。具体的には、２年前である基準期間における課税売上高（第３章３項（１）参照）の規模によって、選択できる計算方法が決まっています。

基準期間における課税売上高が5,000万円超の場合、選択できるのは本則課税による計算のみです。1,000万円超5,000万円以下の場合は、本則課税と簡易課税（ただし例外あり）の選択が可能です。1,000万円以下の場合はすべての方法による計算が可能です。ただし、２割特例が適用できない場合（本章４項（３）参照）もあるので注意してください。

【基準期間における課税売上高と選択できる計算方法】

		基準期間における課税売上高		
		5,000万円超	1,000万円超 5,000万円以下	1,000万円以下
仕入税額の計算方法	本則課税	○	○	○
	簡易課税	×	○（例外あり）	○（例外あり）
	２割特例	×	×	○（例外あり）

（○：選択可、×：選択不可）

②当課税期間の売上に関する資料

次に、当課税期間の売上について予測を立てます。本則課税の試算で必要な課税売上高、輸出免税売上高、非課税売上高の金額を予測します。簡易課税を選択する可能性がある場合には、課税売上高について事業区分（本章５項（２）および（３）参照）を行って予測します。

③当課税期間の仕入に関する資料

当課税期間の仕入、つまり、実際に支払う消費税額の予測を立てることで、本則課税による納税額の試算が行えます。仕入に関する資料は、消費税が課税される取引（課税仕入等）の予測資料のみが必要です。課税仕入となる設備投資計画も忘れずに含めておきましょう。なお、免税取引の仕入や非課税仕入、課税対象外の仕入の予測資料は必要ありません。

①から③までの資料が揃ったら、選択の可能性がある仕入税額の計算方法に従って、控除する仕入税額の試算を行います。なお、それぞれの計算方法については、本章の後半で説明します。

（3）事務負担の大きさについて

納税額の有利性については、上記の試算によって判断ができると思います。一方で選択する計算方法の事務負担の大きさについても考慮しておかなければなりません。

試算の結果、本則課税が最も有利となった場合には、売上と仕入の両方について取引の課税区分を１つひとつ行うことと、課税仕入にかかるインボイスや電子インボイス等の保存が必要となります。また、簡易課税が有利となった場合には、インボイス等の保存は不要ですが、課税売上について事業区分を１つひとつ行うことが必要です。また、これらの集計作業は手作業で行うのか、それとも会計ソフトを導入するのか等も検討しましょう。

納税額の差がわずかである場合は、課税期間を通じて事務処理に必要な時間や費用等を見積もって、最適な計算方法を選択するという考え方もあります。

（4）計算方法の決定と手続き

選択する計算方法が決まったら、必要な手続きを確認しましょう。選択する計算方法によっては、事前の手続きが必要なものがあります。特に、簡易課税の適用や不適用については課税期間開始前の届出が原則ですが、経過措置もありますので本章７項（２）を確認してください。

仕入税額の計算方法の選択は納税額の有利性と事務負担のバランスを勘案して行いますが、まず２割特例が適用できないか、次に簡易課税が適用できないかを考えましょう

4

2割特例 ★★★

インボイス発行事業者となる小規模事業者の納税額負担を軽減する

(1) 2割特例とはどんなもの?

令和5年10月1日から令和8年9月30日までの日の属する各課税期間において、免税事業者がインボイス発行事業者となる場合には、売上税額（売上にかかる消費税額）から控除する金額をその売上税額から売上対価の返還にかかる税額を控除した残額に8割を乗じた額とすることで、納付税額を売上税額の2割とすることができます。

これを「2割特例」といいます。この適用を受けようとする場合には確定申告書にその旨を付記すれば足り、事前の届出は必要ないので、本則課税や簡易課税による計算方法との有利選択が可能です。また継続適用の要件もありません。

ここがポイント!

- 2割特例による仕入控除税額＝課税売上にかかる消費税額（純額）×80%
- 事前届出は不要で本則課税または簡易課税との有利選択が可能

(2) 2割特例の適用対象期間

2割特例は、令和5年10月1日から令和8年9月30日までの日の属する各課税期間において適用することができます。

したがって、免税事業者である個人事業者が令和5年10月1日に登録した場合は、**令和5年10月1日から令和8年12月31日まで**が対象期間となります。

また、免税事業者である3月決算法人が同様に令和5年10月1日に登録した場合は、令和5年10月1日から令和9年3月31日までが対象期間となります。

【２割特例の適用対象期間】

〈個人事業者の適用対象期間〉

R5.1.1　R5.10.1　R6　R7　R8　9.30　12.31

〈課税期間が４月１日から翌年３月31日である法人の適用対象期間〉

R5.4.1　10.1　R6.4.1　R7.4.1　R8.4.1　9.30　R9.3.31

（３）２割特例を適用できる者

インボイス制度の導入により、免税事業者からインボイス発行事業者に転換したため消費税の申告・納税をすることとなった事業者が対象です。この事業者について、基準期間および特定期間における課税売上高が1,000万円以下である課税期間が該当します。したがって、その課税期間において課税事業者である者のように、インボイス発行事業者として登録を受けなくても申告・納税が必要である次のような課税期間や、課税期間を短縮（第２章７項（２）参照）している場合は適用対象外となります。

【２割特例が適用できない場合】

①基準期間における課税売上高が1,000万円超である課税期間
②特定期間における課税売上高が1,000万円超である課税期間
③新設法人・特定新規設立法人の納税義務の免除の特例（第３章５項参照）により納税義務が免除されない課税期間
④相続等による納税義務の免除の特例（第３章６項参照）により納税義務が免除されない課税期間
⑤「消費税課税事業者選択届出書」を提出して課税事業者となった後、２年以内に本則課税で調整対象固定資産の仕入等を行った場合において、課税事業者が強制される課税期間　など

なお、「消費税課税事業者選択届出書」の提出により、令和５年10月１日前から引き続き課税事業者となっている者は、令和５年10月１日の属する課税期間については２割特例を適用することができません。インボイス発行事業者の登録申請書を提出した事業者であって、「消費税課税事業者選択届出書」の提出により、令和５年10月１日を含む課税期間の初日（たとえば、課税期間を短縮していない個人事業者なら令和５年１月１日、課税期間を短縮していない３月決算法人なら令和５年４月１日）に初めて課税事業者となる事業者については、その課税期間中に「消費税課税事業者選択不適用届出書」を提出することにより、「消費税課税事業者選択届出書」を失効させることができます。この場合、登録申請書の提出により、インボイス発行事業者となった場合においては、登録日から課税事業者となり、課税事業者となった課税期間から２割特例を適用できることとなります。

【「消費税課税事業者選択不適用届出書」の提出による特例】

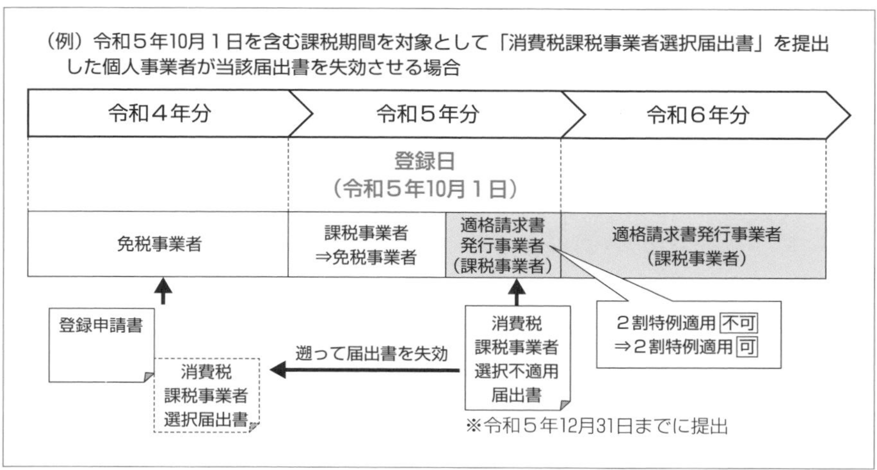

出所：国税庁「消費税の仕入税額控除制度における適格請求書等保存方式に関するQ&A」問116より作成

（4）簡易課税制度との比較

詳しくは次項で説明しますが、簡易課税制度では業種ごとに定めた「みなし仕入率」を売上にかかる消費税額に乗じて、仕入控除税額を計算します。第一種事業に分類される卸売業の売上については、みなし仕入率が90％で、納税額は売上消費税額の10％となるので、簡易課税のほうが２割特例を適用するより有利です。第一種事業以外ではみなし仕入率が80％以下となるため、２割特例を適用するほうが納税上は有利になります。

（5）「消費税簡易課税制度選択届出書」の提出時期の特例

２割特例の適用を受けた事業者が、その翌課税期間中に「消費税簡易課税制度選択届出書」を提出した場合には、提出した課税期間から簡易課税により申告を行うことができます（本章７項（２）参照）。

5

簡易課税制度による仕入税額の計算 ★★

売上税額のみで控除する仕入税額を計算できる

（1）簡易課税制度とは

本則課税による仕入税額の計算は複雑で、小規模の事業者にとっては大きな事務負担となります（本章８項で本則課税の概要を解説）。

そこで、消費税法では小規模事業者に対して、実際の課税仕入等の税額に基づく計算を行わず、課税売上にかかる消費税額にみなし仕入率を乗じて仕入税額を計算する簡易課税制度を認めています。

この簡易課税制度のメリットは、実際の課税仕入等の税額はまったく考慮しないので、本則課税のような複雑な計算を必要としない点です。また、簡易課税制度では帳簿およびインボイスの保存は要件とされていないので、本則課税に比べ事務負担がかなり軽減される点もメリットです。

一方、簡易課税制度のデメリットですが、実際の課税仕入等の税額は計算上、一切関係がないため、多額の設備投資等を行った課税期間であっても還付を受けることができない点です。

ここがポイント！

- 簡易課税制度の適用は、その課税期間の開始前に届出が必要
- 基準期間の課税売上高が5,000万円以下の課税期間で適用される
- 実際の仕入税額とは一切関係なく売上から仕入税額を計算する
- 仕入税額控除にあたり帳簿やインボイスの保存は必要ない

なお、「消費税簡易課税制度選択届出書」を提出している事業者は、基準期間における課税売上高が5,000万円以下の課税期間においては、たとえ本則課税のほうが有利であっても、原則として簡易課税制度により計算しなければなりません。そのため、設備投資の予定がある場合には、事前に簡易課税制度のとりやめの手続きをとっておく必要があります。取りや

めの手続きを忘れていたために還付を受けることができなかったという内容のトラブルは非常に多いため、十分に注意してください。

(2) 簡易課税制度による仕入税額の計算

①基本的な計算方法

事業者が1種類の事業だけを営む場合には、簡易課税制度による控除の対象となる仕入税額は、その課税期間の課税売上にかかる消費税額から売上値引にかかる消費税額を控除した残額（本書では「基礎となる消費税額」と呼ぶ）に、下表の事業区分に応じたみなし仕入率を乗じて計算します。

簡易課税による仕入税額＝基礎となる消費税額×みなし仕入率

【事業区分とみなし仕入率】

事業区分	事業の種類	みなし仕入率
第一種事業	卸売業	90%
第二種事業	小売業および農業・林業・漁業のうち飲食料品の譲渡	80%
第三種事業	農業、林業、漁業、製造業、建設業等	70%
第四種事業	飲食店業、その他の事業	60%
第五種事業	金融業および保険業、運輸通信業、サービス業（飲食店業を除く）	50%
第六種事業	不動産業	40%

(3) 複数の事業を営む場合のみなし仕入率

簡易課税制度における事業区分は、その事業者が営む主たる事業によって判定するのではなく、あくまでも個々の課税売上ごとに判定します。

複数の事業を営む場合のみなし仕入率は、原則として、その事業者が営むすべての事業にかかるそれぞれのみなし仕入率を加重平均して求めた、平均みなし仕入率を適用することになります。

ただし、特定の１事業の課税売上高が全体の課税売上高の75％以上である場合には、全事業に対してその特定１事業のみなし仕入率を適用することができます。さらに、特定の２事業の課税売上高の合計が全体の課税売上高の75％以上である場合には、その特定２事業のうちみなし仕入率の高い事業についてはその事業にかかるみなし仕入率を適用し、その他の事業についてはその特定２事業のうちみなし仕入率の低い事業にかかるみなし仕入率を適用して計算することができます。

なお、これらのみなし仕入率は、事業者が最も有利なものを選択して適用することができます。

また、事業の区分をしていない課税売上高については、その事業者が営む事業のうち最も低いみなし仕入率にかかる事業に該当するものとして取り扱います。

【複数の事業を営む場合のみなし仕入率】

●原則

$$\frac{A\times 90\%+B\times 80\%+C\times 70\%+D\times 60\%+E\times 50\%+F\times 40\%}{A+B+C+D+E+F\ \text{（売上にかかる消費税額）}}$$

Ａ：第一種事業にかかる消費税額（売上返還にかかる消費税額を控除した残額）
Ｂ：第二種事業　〃　〃
Ｃ：第三種事業　〃　〃
Ｄ：第四種事業　〃　〃
Ｅ：第五種事業　〃　〃
Ｆ：第六種事業　〃　〃

※上記ＡからＦまでの計算結果がマイナスとなる場合は０とし、貸倒回収にかかる消費税額は考慮しません。

●特例１（特定１事業の売上高が75％以上の場合）

特定１事業のみなし仕入率を全事業に適用する

●特例２（特定２事業の売上高の合計額が75％以上の場合）

$$\frac{\left(\text{特定２事業のうちみなし仕入率が高い事業の消費税額 Ⓨ}\times\text{その高い事業のみなし仕入率}\right)+\left((\text{Ⓧ}-\text{Ⓨ})\times\text{特定２事業のうちみなし仕入率が低い事業のみなし仕入率}\right)}{\text{売上にかかる消費税額 Ⓧ}}$$

設　例

以下の例により簡易課税制度による控除対象仕入税額を計算してみましょう。なお、消費税等の税率は10%（消費税7.8%、地方消費税2.2%）とします。

事業区分	課税売上高（税抜）	消費税額	全体売上高に占める割合
第一種事業	2,000,000円	156,000円	5%
第三種事業	32,000,000円	2,496,000円	80%
第五種事業	6,000,000円	468,000円	15%
合　計	40,000,000円	3,120,000円	100%

〔基礎となる消費税額〕　40,000,000円×7.8%＝3,120,000円

〔みなし仕入率の計算〕

①原則

$$\frac{156{,}000\text{円}\times 90\% + 2{,}496{,}000\text{円}\times 70\% + 468{,}000\text{円}\times 50\%}{3{,}120{,}000\text{円}} = \underline{68\%}$$

②特例１

第三種事業の課税売上高が単独で全体売上高の75%以上のため
第三種事業のみなし仕入率**70%**を全体に適用できます。

③特例２の１

第一種事業と第三種事業の課税売上高の合計額が
全体売上高の75%以上であるため

$$\frac{156{,}000\text{円}\times 90\% + (3{,}120{,}000\text{円} - 156{,}000\text{円})\times 70\%}{3{,}120{,}000\text{円}} = \underline{71\%}$$

④特例２の２

第三種事業と第五種事業の課税売上高の合計額が
全体売上高の75%以上であるため

$$\frac{2{,}496{,}000\text{円}\times 70\% + (3{,}120{,}000\text{円} - 2{,}496{,}000\text{円})\times 50\%}{3{,}120{,}000\text{円}} = \underline{66\%}$$

最も有利なものは③の71%なので、控除の対象となる仕入税額は、
3,120,000円×71%＝**2,215,200円**

6

簡易課税における事業区分 ★★

事業区分判定の正確さが納税額の多寡を左右する

事業者が行う事業が第一種事業から第六種事業のいずれに該当するかの判定は、原則としてその事業者が行う課税売上ごとに判定します。

ただし、資産の譲渡に伴って通常サービスの提供が併せて行われる取引の場合で、譲渡を行う事業者がサービスの提供の対価を受領していないと認められるときには、その取引の全体が資産の譲渡にかかる事業に該当するものとして事業区分の判定を行うことができます。

事業区分をいかに正確に行うかが簡易課税でのポイント

（1）第一種事業（卸売業）

第一種事業の卸売業とは、他の者から購入した商品をその性質・形状を変更しないで他の事業者に対して販売する事業をいいます。

【第一種事業に該当する事業】

- **他の者から仕入れた商品を他の小売業者または卸売業者に販売する事業**
  たとえば、酒類の卸売業者が酒類の小売店に対して行う酒類の販売など
- **購入者が業務用に使用する商品を販売する事業**
  たとえば、プロパンガスの販売店が食堂や工場に対して行うプロパンガスの販売、ガソリンスタンドが運送会社に対して行うトラック用燃料の販売など
- **主として業務用に使用される物品（たとえば、病院、美容院、レストランなどの設備、業務用の機械や産業用機械、建設用の資材など、本来の用途が業務用である物品）を他の事業者に販売する事業**
  たとえば、材木店が行う建設業者に対する材木の販売や農機具店が行う農家に対するトラクターの販売など

「性質・形状を変更しないで他の事業者に対して販売する」とは、他の者から購入した商品をそのまま販売することをいい、商品に対して次のよ

うな行為を行っていても「性質・形状を変更しない」場合に該当します。

【性質・形状の変更に該当しない行為】

- ●他の者から購入した商品に、商標、ネーム等を貼付または表示する行為
- ●運送するために分解されている部品等を単に組み立てて販売する行為（たとえば、組み立て式の家具を組み立てて販売する場合のように仕入商品を組み立てる行為）
- ●２以上の仕入商品を箱詰めする等の方法により組み合わせて販売する場合の組合せ行為
- ●液状などの商品を小売販売店用の容器に入れる行為
- ●ガラスその他の商品をほかの販売業者に販売するために裁断する行為
- ●まぐろを小売店へ販売するために皮をはいだり、四つ割りにする行為

なお、卸売業に区分されるためには、事業者に販売したことが請求書、領収書等の帳簿書類で明らかにされている必要があります。

（2）第二種事業（小売業および農林漁業のうち飲食料品の譲渡）

小売業とは、他の者から購入した商品をその性質・形状を変更しないで販売する事業で第一種事業以外のものをいいます。したがって、販売先が消費者である場合や、販売先が不明の場合は小売業として扱われます。

また、他の者から購入した食料品を、その性質・形状を変更しないで消費者に販売する店舗において、一般的に行われると認められる簡単な加工を行った後の商品を販売する事業は、小売業に該当するものとして取り扱います。なお、加熱する行為は性質・形状を変更したものとして製造業（第三種事業）に該当することとなります。

【食肉小売店・鮮魚小売店の具体例】
（国税庁質疑応答事例より）
食肉小売店、鮮魚小売店において、通常販売する商品に一般的に行われる軽微な加工（たとえば、仕入商品を切る、刻む、つぶす、挽く、たれに漬け込む、混ぜ合わせる、こねる、乾かす等）を加えて同一の店舗でその加工品を販売する場合には第一種事業または第二種事業に該当しますが、仕入商品に加熱行為等を伴う加工を行って販売する場合は第三種事業に該当します

【食肉小売店・鮮魚小売店の具体例】

	商品等の種類	事業区分
食肉店の具体例	挽き肉、味付け肉	第一種事業または第二種事業
	タタキ、チャーシュー、ローストビーフ	第三種事業
	ハム、ソーセージ（仕入れたハム、ソーセージをスライス、カットする行為）	第一種事業または第二種事業
	トンカツ、ビーフカツ、チキンカツ、串カツ（生で販売）	第一種事業または第二種事業
	トンカツ、ビーフカツ、チキンカツ、串カツ（加熱処理後の販売）	第三種事業
	自家製コロッケ（食肉を主体としたもの）	第三種事業
鮮魚店の具体例	丸売り、ひらき、２枚おろし、３枚おろし、むき身、切り身、刺身、すり身、しめる、漬ける、干す、和える	第一種事業または第二種事業
	焼く、あぶる（カツオ）、ゆでる、蒸す、煮る、揚げる	第三種事業

（3）第三種事業（製造業等）

第三種事業は、第一種事業および第二種事業以外の事業のうち次に掲げるものをいい、これらは概ね日本標準産業分類（総務省）の大分類に掲げる分類を基礎として判定することとされています。

ただし、日本標準産業分類の大分類の区分では製造業等に該当することとなる事業であっても、他の者から購入した商品をその性質・形状を変更しないで販売する事業は、第一種事業または第二種事業に該当します。

【第三種事業（製造業等）】

- ●農業
- ●林業
- ●漁業
- ●鉱業
- ●建設業
- ●製造業（製造した棚卸資産を小売する事業を含む）
- ●電気業、ガス業、熱供給業および水道業

なお、加工賃その他これに類する料金を対価とするサービスの提供を行う事業は第三種事業から除外（第四種事業）されます。

また、たとえば、次に掲げる事業は第三種事業に分類されます。

【第三種事業に該当する事業の具体例】

- ●建売住宅を販売する建売業のうち、自ら建築した住宅を販売するもの
- ●自己の計算において原材料等を購入し、これをあらかじめ指示した条件に従って下請加工させて完成品として販売する、いわゆる製造問屋としての事業
- ●顧客から特注品の製造を受注し、下請先（または外注先）等に製造させ顧客に引き渡す事業
- ●自己が請け負った建設工事（第三種事業に該当するものに限る）の全部を下請に施工させる元請としての事業
- ●天然水を採取し瓶詰等して人の飲用に販売する事業
- ●新聞、書籍等の発行、出版を行う事業
- ●製造小売業
- ●第三種事業に該当する建設業、製造業等に係る事業に伴い生じた加工くず、副産物等の譲渡を行う事業

（4）第四種事業（その他の事業）

第四種事業は、第一種事業、第二種事業、第三種事業、第五種事業および第六種事業のいずれにも該当しない事業で、次に掲げる事業が該当します。

【第四種事業（その他の事業）】

- ●飲食店業
- ●第三種事業から除かれる加工賃その他これに類する料金を対価とするサービスの提供を行う事業（日本標準産業分類の大分類で製造業等に該当するもの）
- ●自己が使用していた固定資産等の譲渡
- ●第一種事業または第二種事業から生じた段ボール等の不用品の譲渡（不用品が生じた事業区分とすることも可）

（5）第五種事業（サービス業等）

第五種事業は、第一種事業、第二種事業および第三種事業以外の事業のうち、日本標準産業分類の大分類に掲げる次の産業をいいます。

ただし、日本標準産業分類の大分類の区分ではサービス業等に該当することとなる事業であっても、他の者から購入した商品をその性質・形状を変更しないで販売する事業は、第一種事業または第二種事業に該当します。

【第五種事業（サービス業等）】

●情報通信業
●運輸業、郵便業
●金融業、保険業
●学術研究、専門・技術サービス業
●宿泊業、飲食サービス業（飲食店業に該当するものを除く）
●生活関連サービス業、娯楽業
●教育、学習支援業
●医療、福祉
●複合サービス事業
●サービス業（他に分類されないもの）

なお、上記のサービス業等に該当することとなる事業にかかる加工賃その他これに類する料金を対価とするサービスの提供を行う事業は、第五種事業に該当することになります。

また、サービス業から除くこととされている「飲食店業に該当するもの」とは、たとえば、旅館、ホテル内にある宴会場、レストラン、バー等のように、宿泊者以外の者でも利用でき、その場で料金の精算をすることもできるようになっている施設での飲食物の提供や、宿泊者に対する飲食物の提供で、宿泊サービスとセットの夕食等の提供時に宿泊者の注文に応じて行う特別料理、飲料等の提供や客室内に冷蔵庫を設置して行う飲料等の提供のように、料金体系上も宿泊にかかる料金と区分されており、料金の精算時に宿泊料と区分して領収されるものが該当します。

（6）第六種事業（不動産業）

第六種事業は、第一種事業、第二種事業、第三種事業および第五種事業以外の事業で、日本標準産業分類の大分類の「不動産業、物品賃貸業」のうち不動産業に該当するものです。

ただし、他の者から購入した商品を性質・形状を変更せず他に販売する「建物売買業」は第一種事業または第二種事業に該当し、「土地売買業」の土地の譲渡は非課税売上です。

【第六種事業（不動産業）】

- ●不動産代理業・仲介業
- ●貸事務所業
- ●土地賃貸業
- ●貸家業、貸間業
- ●駐車場業
- ●その他の不動産賃貸業
- ●不動産管理業

（7）事業区分の方法

複数の事業を営む事業者は、次の方法により事業の区分を行います。

【事業区分の方法】

- ●帳簿に事業の種類を記帳する方法
- ●納品書、請求書、売上伝票またはレジペーパー等に事業の種類または事業の種類が区分できる売上の内容を記載する方法
- ●事業場ごとに１つの種類の事業のみを行っている事業者は、その事業場ごとに区分する方法

次ページに「簡易課税の事業区分」の判定の目安を示しましたので参考にしてください。

【簡易課税の事業区分のフローチャート】

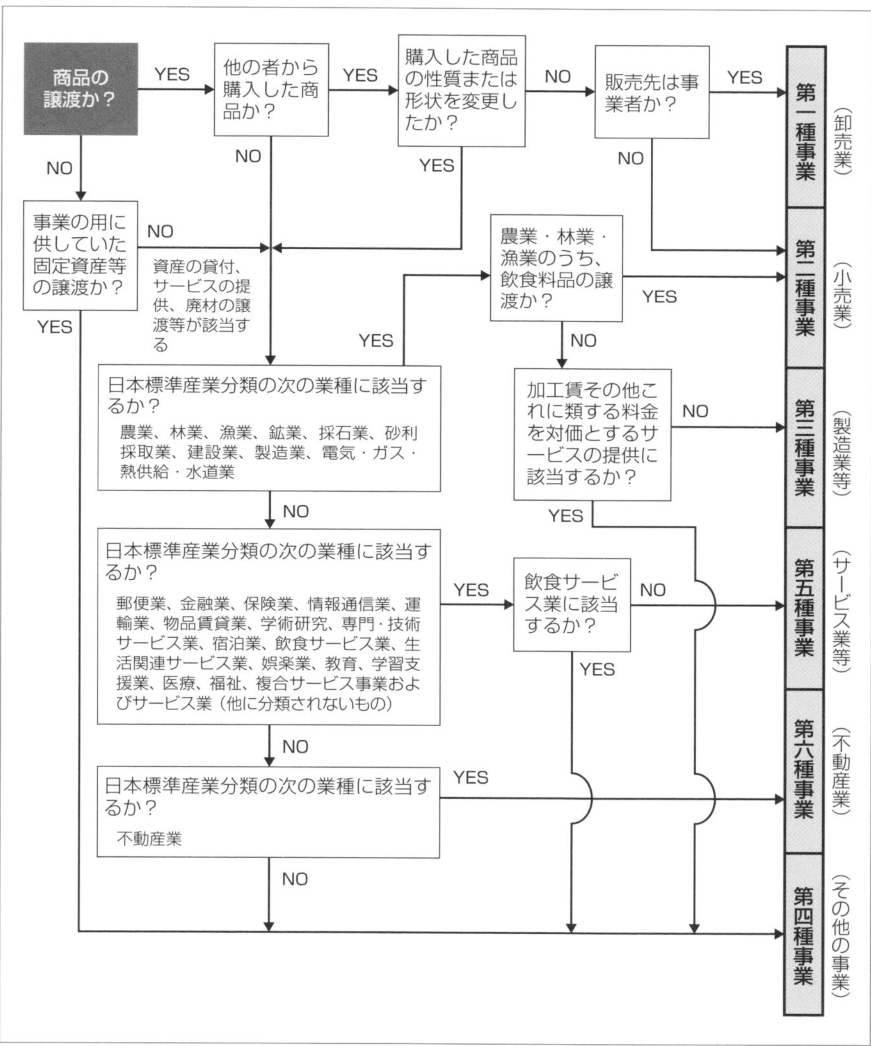

※１　飲食サービス業のうち、持ち帰り・配達飲食サービス業に該当するものについては、その業態等により第二種事業または第三種事業に該当するものがあります。

※２　課税売上高は輸出免税等の適用により消費税が免除されるものを除きます。

※３　固定資産等とは、建物、建物附属設備、構築物、機械および装置、船舶、航空機、車両および運搬具、工具、器具および備品、無形固定資産のほかゴルフ場利用株式等をいいます。

出所：国税庁「質疑応答事例」をもとに筆者一部加筆

7

簡易課税制度の選択・選択の取りやめ ★★

簡易課税の選択と取りやめには一定のルールがある

（1）簡易課税制度の適用を受けようとする場合の手続き

簡易課税制度の適用を受けようとする事業者は、納税地を所轄する税務署長に「消費税簡易課税制度選択届出書」を提出しなければなりません。届出の効力は、原則として届出書の提出があった課税期間の翌課税期間から発生し、その基準期間における課税売上高が5,000万円以下である課税期間において簡易課税制度による特例計算を行うことになります。

なお、簡易課税制度の適用は事業者単位で行うこととされており、たとえば、事業所ごと、支店ごと、または個人事業者の所得区分（不動産所得や事業所得など）ごとに適用することはできません。

（2）「消費税簡易課税制度選択届出書」の効力が発生する時期

「消費税簡易課税制度選択届出書」の効力は提出した課税期間の翌課税期間から生じます。ただし、届出書を提出した課税期間が、事業者が国内において課税売上の生じる事業を開始した日の属する課税期間などである場合には、提出した課税期間から適用を受けることができます。

また、免税事業者が令和５年10月１日から令和11年９月30日までの日の属する課税期間に登録をする場合に、登録日の属する課税期間中に「消費税簡易課税制度選択届出書」を提出したときは、登録日から簡易課税制度を適用することができます（第５章２項（４）参照）。

さらに、２割特例（本章４項参照）の適用を受けた事業者について、２割特例を適用した課税期間の翌課税期間が２割特例の適用ができない課税期間（たとえば、基準期間の課税売上高が1,000万円超である）であり、その課税期間において簡易課税制度の適用を受けようとする場合には、適用を受けようとする課税期間の末日までに「消費税簡易課税制度選択届出書」を提出すれば、簡易課税制度を適用できる特例があります。

【2割特例適用者の「消費税簡易課税制度選択届出書」の提出にかかる特例】

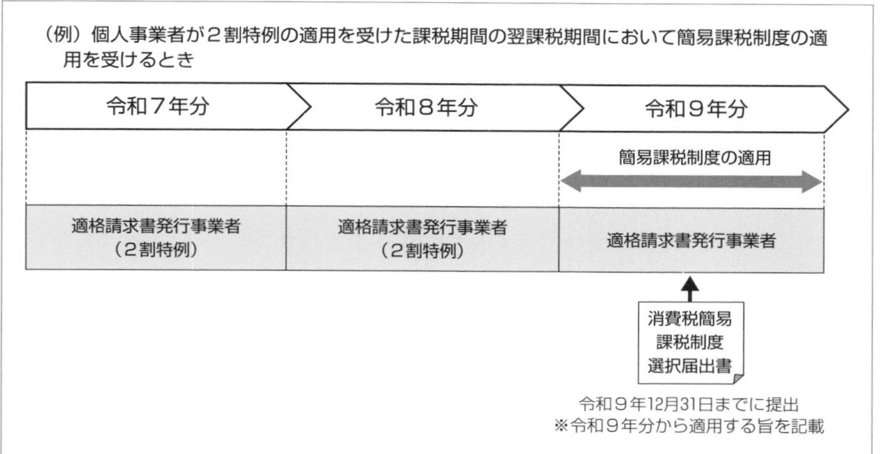

出所：国税庁「消費税の仕入税額控除制度における適格請求書保存方式に関するQ&A」問117より作成

（3）「消費税簡易課税制度選択届出書」の効力の存続性

「消費税簡易課税制度選択届出書」を提出した場合には、「消費税簡易課税制度選択不適用届出書」を提出しない限り、その効力は存続します。

したがって、「消費税簡易課税制度選択届出書」を提出した事業者のその課税期間の基準期間における課税売上高が5,000万円を超えたことにより、その課税期間について簡易課税制度を適用できない場合や、基準期間における課税売上高が1,000万円以下となり免税事業者となった場合でも、その後の課税期間において課税事業者になり、基準期間の課税売上高が5,000万円以下となったときには、その課税期間は再び簡易課税制度が適用されることになります。

（4）「消費税簡易課税制度選択届出書」の提出制限と適用制限

次に掲げる場合には、それぞれに定める期間においては課税事業者であることが強制され、かつ、簡易課税制度の適用を受けることはできません。

ただし、事業を開始した日の属する課税期間から簡易課税制度の適用を受けようとする場合に選択届出書を提出するときや、災害等があった場合の特例の適用があるときには、この限りではありません。

【「消費税簡易課税制度選択届出書」の提出・適用が制限される場合】

提出と適用が制限される場合	提出できない期間
「消費税課税事業者選択届出書」(第３章４項参照)を提出した事業者が、その効力が発生した課税期間の初日から２年を経過する日までの間に開始した各課税期間中に調整対象固定資産の仕入等をし、仕入税額の計算を本則課税により行った場合	調整対象固定資産または高額特定資産の仕入等の日の属する課税期間の初日から３年を経過する日の属する課税期間の初日の前日までの期間
資本金1,000万円以上の新設法人(第３章５項参照)が、基準期間がない課税期間中に調整対象固定資産の仕入等をし、仕入税額の計算を本則課税により行った場合	
特定新規設立法人(第３章５項参照)が、基準期間がない課税期間中に調整対象固定資産の仕入等をし、控除対象仕入税額の計算を本則課税により行った場合	
高額特定資産の仕入等をし、控除対象仕入税額の計算を本則課税により行った場合	

(5)「消費税簡易課税制度選択届出書」が無効となる場合

上記(４)に掲げる事業者が、課税事業者でいることが強制される期間

【「消費税簡易課税制度選択届出書」を提出できない場合・無効となる場合】

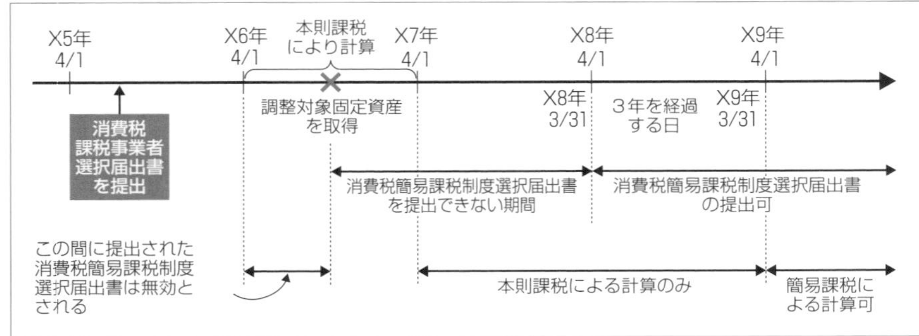

中に「消費税簡易課税制度選択届出書」を提出し、その後同一の課税期間中に調整対象固定資産または高額特定資産の仕入等をした場合には、「消費税簡易課税制度選択届出書」の提出はなかったものとみなされます。

（6）簡易課税制度の選択を取りやめる場合の手続き

簡易課税制度の選択をやめようとする場合には、「消費税簡易課税制度選択不適用届出書」を納税地の税務署長に提出しなければなりません。

この「不適用届出書」の提出があった場合には、その提出があった日の属する課税期間の末日の翌日以後、つまり、提出した課税期間の翌課税期間から「消費税簡易課税制度選択届出書」の効力が失われます。

（7）２年間の継続適用

「消費税簡易課税制度選択届出書」を提出した事業者は、事業を廃止した場合を除き、新たに簡易課税制度を採用した課税期間の初日から２年を経過する日の属する課税期間の初日以後でなければ、「消費税簡易課税制度選択不適用届出書」を提出することができません。

なお、この２年間の途中で、基準期間の課税売上高が5,000万円を超えたため本則課税により計算を行ったことや、基準期間の課税売上高が1,000万円以下となって免税事業者になったことで申告を行わなかったことがあっても、２年を経過した場合には取りやめの手続きが可能です。

ここがポイント！

- **簡易課税の取りやめ手続きは、取りやめる課税期間の開始前に行う**
- **簡易課税制度は最低でも２年間は取りやめることができない**

8

本則課税による仕入税額の計算 ★

実際に支払った消費税額をもとに計算する

２割特例や簡易課税の適用が可能なら、そちらを優先するほうがほとんどの事業者にとっては有利かつ簡単であると思いますが、多額の設備投資を予定しており、申告により消費税の還付が見込まれる事業者や、基準期間における課税売上高が常に5,000万円を超える事業者は本則課税による仕入税額の計算が必要です。これに該当する事業者は本項の内容をよく読んで理解していただきたいと思います。

本則課税によって仕入税額を計算する場合には、その課税期間における課税売上高およびその課税期間における課税売上割合の多寡によって計算方法が異なります。

この本則課税による仕入税額の計算は、売上規模に関係なく、すべての事業者が選択できますが、仕入取引にかかる課税区分を１つひとつ判定する、つまり、その取引が消費税の課税される仕入かどうかを判別することが必要で、帳簿の作成やインボイスの保存という事務負担も大きい計算方法です。本則課税で計算せざるを得ない場合で、課税売上割合が95％未満のとき（本項（４）および（５）参照）は、できるだけ税理士等の専門家に依頼することをお勧めします。

（1）課税期間における課税売上高

課税期間における課税売上高とは、その課税期間中の課税売上高や輸出免税売上高の税抜金額の合計額から、その課税期間における売上返品や売上値引等の税抜金額の合計額を控除した残額、つまり純額の課税売上高をいいます。なお、その課税期間が１年に満たない場合には、12か月相当額に換算します。

（2）課税売上割合

課税売上割合とは、すべての売上高に占める課税売上高の割合で、次の算式によって計算します。

【課税売上割合の算式】

$$課税売上割合 = \frac{課税売上高（税抜）＋輸出免税売上高}{課税売上高（税抜）＋輸出免税売上高＋非課税売上高}$$

（3）全額控除ができるとき

その課税期間における課税売上高が５億円以下であり、かつ、その課税期間における課税売上割合が95％以上である場合には、国内において行った課税仕入にかかる消費税額および課税貨物の引取りにかかる消費税額（課税仕入等の税額）の全額を控除することができます。税率の異なる課税仕入がある場合には、税率の異なるごとに課税仕入等の税額を計算します。

（4）個別対応方式

その課税期間における課税売上高が５億円を超える場合、またはその課税期間における課税売上割合が95％未満の場合には、課税仕入等の税額の全額を控除することはできません。このとき、控除の対象となる仕入税額を計算する方法の１つとして「個別対応方式」があります。

①個別対応方式を適用するための要件

個別対応方式により計算するためには、その課税期間において行った個々の課税仕入等の全部について、必ず、「課税売上にのみ要するもの（課税売上に貢献する課税仕入等）」「非課税売上にのみ要するもの（非課税売上に貢献する課税仕入等）」および「課税売上・非課税売上に共通して要するもの（課税売上・非課税売上に共通するまたは明確な対応関係がない課税仕入等）」の３つに区分しておかなければなりません。

個別対応方式を採用するためには、すべての取引をまず消費税が課税される仕入取引か否かで区分し、そのなかから消費税が課税されるものだけを取り出して、さらにそれを１つひとつ上記の３つの用途別に区分しなければならないので、かなり煩雑な作業が必要となります。

②個別対応方式の計算方法

個別対応方式では、課税売上にのみ要する課税仕入等の税額の全額と、課税売上・非課税売上に共通して要する課税仕入等の税額に課税売上割合を乗じて計算した金額との合計額を控除対象仕入税額とします。したがって、非課税売上にのみ要する課税仕入等の税額は控除対象とはなりません。

（5）一括比例配分方式

その課税期間における課税売上高が５億円を超える場合、またはその課税期間における課税売上割合が95％未満の場合に、控除対象となる仕入税額のもう１つの計算方法が「一括比例配分方式」です。

①一括比例配分方式の計算方法

個別対応方式のような課税仕入等の用途区分は必要なく、その課税期間における課税仕入等の税額の合計額に課税売上割合を乗じて計算します。

②個別対応方式への変更制限

用途区分を行っている場合には（４）の個別対応方式との選択が可能です。ただし、新たに一括比例配分方式により控除対象仕入税額の計算を行った課税期間の初日から２年後の課税期間でなければ、個別対応方式により計算することはできません。

9

売上値引等や貸倒れがあった場合の税額控除　★

売上値引や貸倒れによって過大となった売上にかかる消費税の調整

（1）売上にかかる対価の返還があった場合

①制度の内容

事業者が国内の課税売上として計上した金額について、その後返品や値引等があった場合には、売上高に対して消費税額が過大に計上されていることになります。

そこで、返品、値引き、割戻し、売上割引などにより行われる対価の返還または売掛金の減額（売上にかかる対価の返還等）に対応する消費税額を、これらを行った日の属する課税期間の課税標準額に対する消費税額から控除します。

②調整を行うことができない場合

免税事業者であった課税期間において行った課税売上について、課税事業者となった課税期間において売上にかかる対価の返還等を行った場合には調整を行うことはできません。

③調整の時期および計算方法

売上にかかる対価の返還等があった場合の税額調整は、当初の課税資産の譲渡等を行った課税期間でなく、売上にかかる対価の返還等を行った課税期間において行います。なお、控除する税額は次の算式で求めます。

$$控除税額 = \frac{課税売上にかかる}{対価の返還等の金額（税込）} \times \frac{7.8}{110}^{（注）}$$

（注）軽減税率の対象取引の場合は6.24／108

また、課税売上の金額からその売上にかかる対価の返還等の金額を直接控除する経理処理も、継続適用を条件に認められます。この場合には当然に税額控除の規定は適用されませんが、帳簿は保存しなければなりません。

④帳簿の保存

売上にかかる対価の返還等があった場合の税額控除の適用を受けるためには、次に掲げる事項を記録した**帳簿を７年間保存**しなければなりません。なお、小売業、飲食店業、駐車場業等の場合はｉの記載は不要です。

【帳簿の記載事項】

ⅰ相手方の氏名または名称
ⅱ売上対価の返還等を行った年月日
ⅲ売上対価の返還等の内容
ⅳ売上対価の返還等をした金額

（２）貸倒れにかかる税額控除

①制度の内容

課税標準額に計上された課税売上にかかる売掛債権が回収不能となった場合には、結果として対価を得ることができなくなった部分に対応する消費税額が過大に計上されていることとなります。

そこで、課税事業者が国内において行った課税売上にかかる売掛金等について貸倒れが生じた場合には、その貸倒れが生じた日の属する課税期間の課税標準額に対する消費税額から、その課税期間において生じた貸倒れの金額にかかる消費税額を控除します。

②貸倒れの範囲

貸倒れにかかる税額控除の対象となるのは、国内において行った課税売上の相手方に対する売掛債権につき、会社更生法による更生計画の認可決定などにより債権の切捨てがあったり、これに準ずる事実が生じたため、回収をすることができなくなった金額です。

③調整を行うことができない場合

免税事業者であった課税期間において行った課税売上にかかる売掛金等について、課税事業者となった課税期間において貸倒れが生じた場合などは、貸倒れにかかる税額控除の規定は適用されません。

④調整の時期および計算方法

貸倒れにかかる税額控除は、当初の課税売上を行った課税期間でなく、貸倒れが生じた課税期間において行います。なお、控除する税額は次の算式により計算します。

$$\text{控除税額} = \text{課税資産の譲渡等にかかる売掛金等の貸倒れの金額（税込）} \times \frac{7.8}{110}\text{(注)}$$

（注）軽減税率の対象取引の場合は6.24／108

⑤書類の保存

貸倒れにかかる税額控除の規定は、その貸倒れの事実が生じたことを証する書類の保存がない場合には適用されません。

第5章

インボイス制度には
どんな特徴があるの？

1

インボイス制度導入後の事業者区分 ★★★

納税義務の有無とインボイス交付の可否により３つに区分

消費税において、事業者は納税義務の有無によって２つに区分されていましたが、インボイス制度が導入されたことによって、納税義務の有無とインボイス交付の可否により、次の３つに区分されることになりました。

【インボイス制度導入後の事業者区分は３つになった】

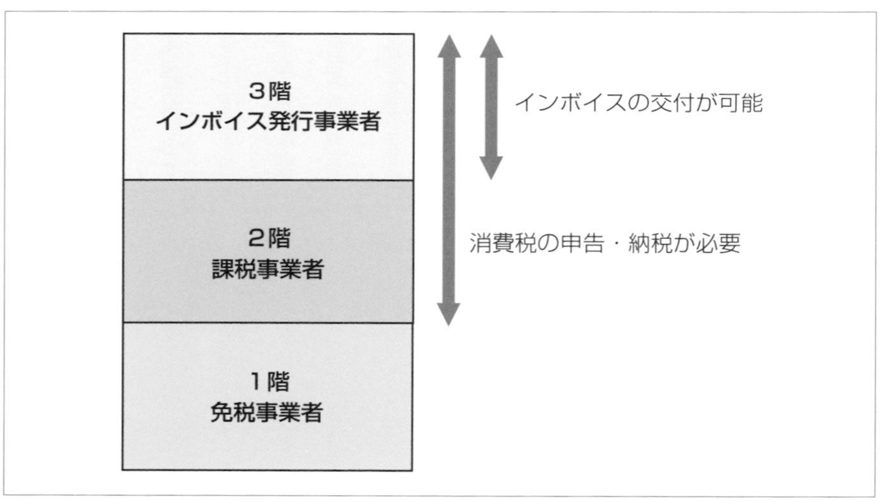

（１）免税事業者（１階）

基準期間の課税売上高が1,000万円以下、かつ特定期間の課税売上高も1,000万円以下である事業者です。消費税の申告・納税義務はなく、インボイスも交付できません。

（２）課税事業者（２階）

基準期間の課税売上高または特定期間の課税売上高が1,000万円超の事業者や、相続や新設法人などの納税義務の特例の適用を受ける事業者です。なお、本来なら免税事業者であるものの、「消費税課税事業者選択届出書」を提出し、自ら課税事業者となった事業者も含まれます。消費税の申告・納税義務がありますが、インボイスを交付することはできません。

(3)インボイス発行事業者(3階)

自ら申請を行って、インボイス発行事業者として登録を受けた事業者です。課税売上高の規模に関係なく消費税の申告・納税義務があり、事業者の求めに応じてインボイスを交付する義務があります。また、交付したインボイスの写しを7年間保存しなければなりません。

【事業者の区分と申告・納税義務、インボイス交付可否の関係】

	申告・納税義務	インボイスの交付
インボイス発行事業者	あり	できる
課税事業者	あり	できない
免税事業者	なし	できない

前ページの図で、1階と2階を分けるのは課税売上高の規模です。課税売上高が大きいと1階から2階に上がります。これは自ら課税事業者を選択する場合を除いて、事業者の意思とは関係なく形式的な基準によって区分されます。逆に、課税売上高が小さいと2階から1階に降りることになります。

次に、2階と3階を分けるのは事業者の申請による登録の有無です。1階から3階に上がるためには必ず2階を通る必要があるため、免税事業者は、まず課税事業者になってから3階へ上がるための申請を行わなければなりません。ただし、経過措置によって令和5年10月1日から令和11年9月30日までの日の属する課税期間に登録する場合は、免税事業者であっても1階から直接3階に上がることができるようになっています(本章2項(2)参照)。また、逆に3階から1階に降りるためには、まず登録の取りやめ手続きが必要ですが、最低でも登録日から2年間は3階または2階に留まって申告・納税を行うことが求められます（ただし、令和５年10月１日の属する課税期間に登録した場合を除く）。その後、課税売上高の要件等を満たせば１階に降りることができます（本章２項（５）参照）。

（4）インボイスの対応が必要な事業者

インボイス制度は、原則、インボイス発行事業者から交付されたインボイスと自社で作成した帳簿の両方の保存がある場合に限って、仕入消費税の控除を認めるものです 。売り手である事業者は、インボイスを交付することで自身が消費税の納税を行っている事業者であることを証明し、買い手である事業者は、売り手の納税の裏付けがあるインボイスを、自身の仕入消費税を控除する際の証明書として利用することになります。

これまでの説明どおり、インボイス制度下では、事業者は登録の有無や納税義務の有無によって３つに区分されますが、事業者ごとにインボイスの対応が必要か否かを一覧表にしたのが次の表です。

【インボイス対応が必要かどうか？】

インボイス発行事業者の登録の有無			登録あり	登録なし	
事業者区分			インボイス発行事業者	課税事業者	免税事業者
売り手としてのインボイス対応			○	×	×
買い手としてのインボイス対応	仕入税額の計算方法	本則課税	○	○	×
		簡易課税	×	×	×
		２割課税	×	－	－

（○はインボイス対応が必要、×はインボイス対応が不要）

売り手としてインボイスの対応が必要となるのは、108ページ図の３階のインボイス発行事業者のみです。売り手として必要な対応（本章３項参照）は、①インボイスの交付義務、②簡易インボイスの交付義務、③返還インボイスの交付義務、④修正インボイスの交付義務とそれぞれの記載事項の充足です。また、これらの写しの保存も必要です。

買い手としてインボイスの対応が必要となるのは、３階のインボイス発行事業者および２階の課税事業者のうち、仕入控除税額を本則課税で計算している事業者です。

買い手として必要な対応は、①受領したインボイス等が適正なものかどうかの確認（登録番号が有効かどうか、記載事項を充足しているか、端数処理が正しいか等）、②インボイス発行事業者以外の事業者からの仕入に対する経過措置（本章５項（１）参照）の適用、③受領したインボイスの保存などです。したがって、インボイス発行事業者および課税事業者であっても、簡易課税や２割特例によって仕入控除税額を計算する場合には、買い手としてのインボイス対応は必要ありません。

インボイス発行事業者、課税事業者でも、簡易課税や２割特例で仕入税額控除の計算をするときは、買い手としてのインボイス対応は必要ありません

2

登録・取りやめの手続き ★★

インボイス発行事業者の登録・取りやめには一定のルールがある

(1) 登録申請と公表

登録を受けようとする事業者は、登録申請書を提出しなければなりませんが、その方法は、書面による申請とe-Taxによる申請とがあります。

申請書の提出から登録通知までの期間は、申請状況によって異なりますが、書面による場合は1か月から3か月程度、e-Taxによる場合は2週間から2か月程度とされています。

なお、登録を受けた事業者は、国税庁のホームページで以下の事項が公表されることになっています。

【国税庁のインボイス公表サイトで公表される事項】

法人	個人事業者
①登録事業者の名称 ②登録番号 ③登録年月日 ④登録取消年月日、登録失効年月日 ⑤本店または主たる事務所の所在地	①登録事業者の氏名 ②登録番号 ③登録年月日 ④登録取消年月日、登録失効年月日 個人事業者から申出があった場合には次の事項を追加公表 ⑤主たる事務所の所在地 ⑥主たる屋号

登録事業者の検索は登録番号によって行います。法人の場合、登録番号は「T＋法人番号」なので、法人名から法人番号を入手すれば検索できますが、個人事業者は登録番号を入手できなければ検索ができません。

(2) 免税事業者の登録手続き

インボイス発行事業者になるための登録申請書は、原則として課税事業者しか提出できません。ただし、令和5年10月1日から令和11年9月30日までの日の属する課税期間中(たとえば、課税期間を短縮していない個人事業者の場合は令和５年10月１日から令和11年12月31日に終了する課税期間中、課税期間を短縮していない３月末決算法人の場合は令和５年10月１日から令和12年３月31日に終了する課税期間中）に登録を行う場合には、免税事業者であっても提出が可能です。

この期間内に登録を受ける場合は、登録申請書に登録希望日（提出日から15日以降の登録を受ける日として事業者が希望する日）を記載することで、その登録希望日からインボイス発行事業者である課税事業者となる経過措置が設けられています。また、税務署長による登録が完了した日が登録希望日後となった場合であっても、登録希望日に登録を受けたものとみなされます。

なお、この経過措置によりインボイス発行事業者の登録を受けた場合、売上規模に関係なく、登録日から課税期間の末日までの期間について、消費税の申告が必要となります。集計作業の簡素化を考えれば、特別な事情がない限り、課税期間の初日に登録を行いましょう。

ここがポイント！

- **令和11年９月30日までの日の属する課税期間までは、免税事業者も課税期間の途中から登録ができる。ただし、登録希望日の15日前までに申請すること**

（３）新規開業した場合の登録

新たに設立した法人や、新規開業した個人事業者などは、初日から登録を受ける旨を記載した申請書を、事業を開始した課税期間の末日までに提出して登録がされた場合には、その課税期間の初日に登録を受けたものとみなされます。新規開業の場合は免税事業者であることが多いと思いますが、免税事業者であっても、令和５年10月１日から令和11年９月30日までの日の属する課税期間に登録をする場合には、「消費税課税事業者選択届出書」（第３章参照）を提出せずに登録申請を行うことができ、課税期間の初日からインボイス発行事業者となることができます。

（4）免税事業者の簡易課税制度の届出時期の特例

簡易課税制度の適用は、適用前の届出が原則です（第4章7項（1）参照）。ただし、免税事業者が令和5年10月1日から令和11年9月30日までの日の属する課税期間に登録をする場合に、**登録日の属する課税期間中に「消費税簡易課税制度選択届出書」を提出したときは、登録日から簡易課税制度を適用することができます。**

たとえば、令和5年10月1日に登録した免税事業者である個人事業者が、令和5年分の申告において簡易課税制度の適用を受けるためには、令和5年12月31日までに提出しておかなければなりません 。したがって、令和5年の申告時期である令和6年3月に「消費税簡易課税制度選択届出書」を提出しても、令和5年分の申告については簡易課税の適用を受けることはできません。

【免税事業者の「消費税簡易課税制度選択届出書」の提出にかかる特例】

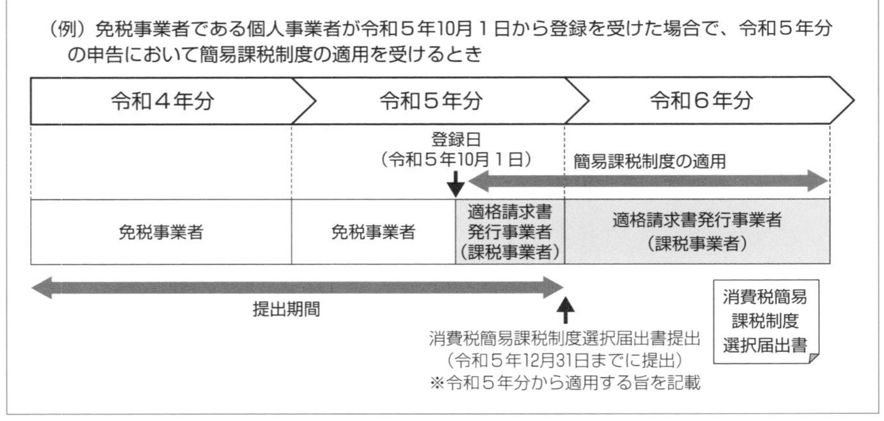

出所：国税庁「消費税の仕入税額控除制度における適格請求書等保存方式に関するQ&A」問9より作成

（5）登録の取りやめ

インボイス発行事業者の登録を取りやめるには「適格請求書発行事業者

の登録の取消しを求める旨の届出書」（以下、「登録取消届出書」と略す）を提出しなければなりません。登録の効力が失われる日は下表のとおりです。

【「登録取消届出書」の提出と効力】

「登録取消届出書」の提出日		登録の効力が失効する日
提出日の翌課税期間の初日から起算して	15日前の日までの間	届出の翌課税期間の初日
	15日前の日の翌日からその課税期間の末日までの間	届出の翌々課税期間の初日

たとえば、課税期間が１年である個人事業者が、その年の翌年１月１日に登録をやめようとするときは、その年の12月17日までに登録取消届出書を提出する必要があります。もし、その年の12月18日以降に提出した場合は、その年の翌々年の１月１日に登録が失効します。

本来は免税事業者であった事業者が、登録を受けたものの、登録を取りやめようとする理由で最も多いのは、おそらく「免税事業者に戻って消費税の納税や事務負担から解放されたいから」だと思います。しかし、登録の効力失効と同時に免税事業者に戻れるのではなく、登録開始日から最低２年間は売上規模に関係なく課税事業者として申告・納税しなければなりません（ただし、経過措置として令和５年10月１日の属する課税期間に登録する場合は、課税事業者を２年間継続する必要はありません）。その後、基準期間と特定期間の課税売上高が1,000万円以下であれば免税事業者に戻ることができます。

ここがポイント！

- 登録の取りやめ手続きは、登録をやめようとする課税期間の初日から起算して15日前までに届出書を提出すること

（6）登録が失効する場合

インボイス発行事業者が事業を廃止した場合や、１年以上所在不明の場合などは登録が取り消されて失効します。

3

インボイスの記載事項 ★★

様式は問わないが、記載が必要な事項が決まっている

（1）インボイス（適格請求書）

インボイスには次の①から⑥の事項を記載しなければなりません。なお、インボイスの様式は規定されていないので、これらの６項目が記載された納品書や請求書、領収書等がインボイスに該当すると考えてよいでしょう。

【インボイスに記載する６項目】

①インボイス発行事業者の氏名または名称および**登録番号**
②取引年月日
③取引内容（軽減税率対象資産である場合にはその旨）
④税率ごとに区分した取引の**税抜価額または税込価額の合計額および適用税率**
⑤**税率ごとに区分した消費税額等**（消費税額および地方消費税額の合計額）
⑥インボイスの交付を受ける事業者の氏名または名称

【インボイスの記載例】

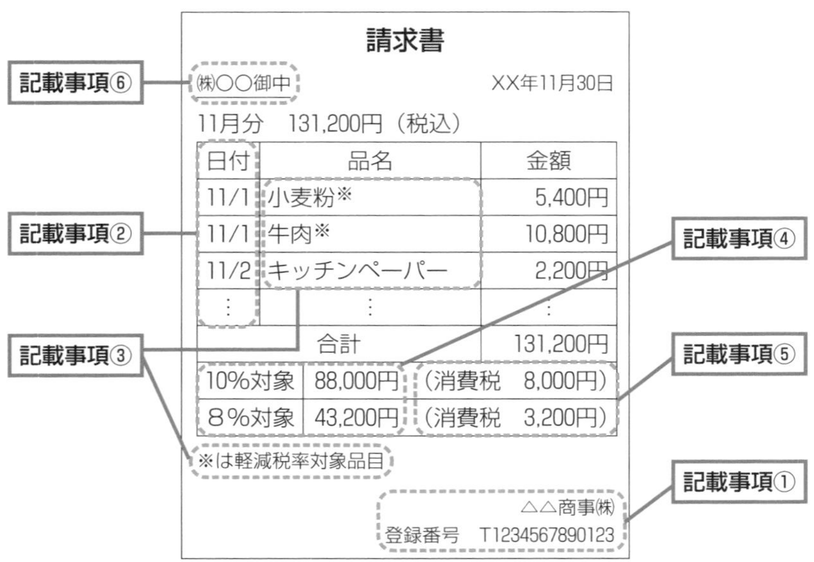

請求書

㈱○○御中　　XX年11月30日

11月分　131,200円（税込）

日付	品名	金額
11/1	小麦粉※	5,400円
11/1	牛肉※	10,800円
11/2	キッチンペーパー	2,200円
：	：	：
	合計	131,200円

10%対象	88,000円	（消費税　8,000円）
８%対象	43,200円	（消費税　3,200円）

※は軽減税率対象品目

△△商事㈱
登録番号　T1234567890123

出所：国税庁「消費税の仕入税額控除制度における適格請求書等保存方式に関するQ&A」問54より作成

なお、前ページの記載事項⑤の消費税額等の計算について、１円未満の端数処理（切上げ、切捨て、四捨五入は事業者の任意）は１つのインボイスにつき税率ごとに１回と定められています。商品ごとに消費税額を算出して端数処理し、端数処理後の消費税額を合計した金額をそのインボイスの消費税額とすることはできません

【認められる例】

請求書

〇〇㈱御中　　　　2023年11月１日
㈱△△
※は軽減税率対象　　　　T1234567890123

品名	数量	単価	税抜金額	消費税額
小麦粉※	19	347	6,593	
飲料水※	131	41	5,371	
石鹸	49	95	4,655	
洗剤	73	129	9,417	
８%対象合計			11,964	957
10%対象合計			14,072	1,407
請求金額（税込）			28,400円	

①税率ごとに個々の商品の税抜合計額を計算、②それぞれの税率を乗じる、③税率ごとに消費税額の端数処理（この例では切捨て）を１回、８％対象合計11,964円×８％＝957.12円→957円、10％対象合計14,072円×10％＝1,407.2円→1,407円

税率ごとに１回の端数処理を行っているため適正な処理として認められます

【認められない例】

請求書

〇〇㈱御中　　　　2023年11月１日
㈱△△
※は軽減税率対象　　　　T1234567890123

品名	数量	単価	税抜金額	消費税額
小麦粉※	19	347	6,593	527
飲料水※	131	41	5,371	429
石鹸	49	95	4,655	465
洗剤	73	129	9,417	941
８%対象合計			11,964	956
10%対象合計			14,072	1,406
請求金額（税込）			28,398円	

①個々の商品ごとに消費税額を計算（そのつど端数処理）、②端数処理を行った後の消費税額を税率ごとに合計

個々の商品の数だけ端数処理を行うこととなるため適正な処理とは認められません

消費税額等の１円未満の端数処理は１つのインボイスにつき税率ごとに１回

（2）簡易インボイスはインボイスとどこが違う？

小売業、飲食店業、タクシー業、駐車場業など不特定多数の者と取引を行う事業者は、簡易インボイスを交付することができます。インボイスと比較して「書類の交付を受ける事業者の氏名または名称」の記載を省略することができる点、「税率ごとに区分した消費税額等」または「適用税率」のいずれか一方の記載で足りる点が異なります。

【簡易インボイスの記載事項】

①インボイス発行事業者の氏名または名称および登録番号
②取引年月日
③取引内容（軽減税率対象資産である場合にはその旨）
④取引の税抜価額または税込価額を税率の異なるごとに区分して合計した金額
⑤税率ごとに区分した消費税額等または適用税率

【簡易インボイスの記載例】

〈1　適用税率のみを記載する場合〉

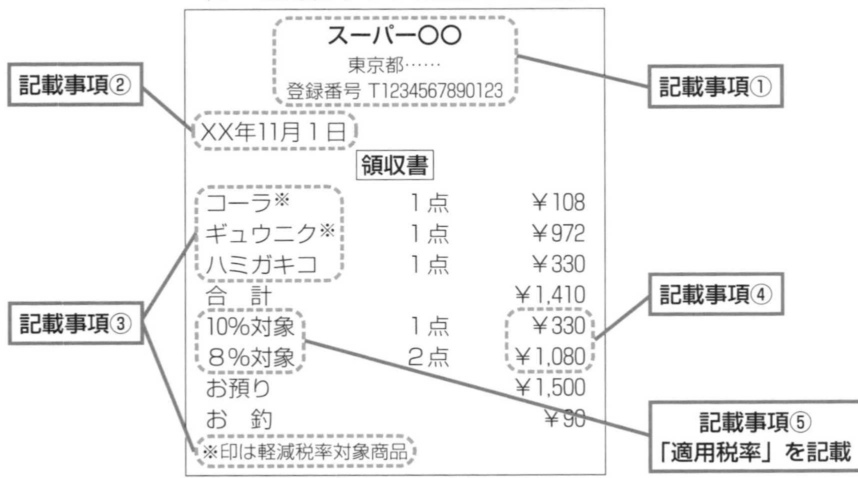

出所：国税庁「消費税の仕入税額控除制度における適格請求書等保存方式に関するQ&A」問58より作成

【簡易インボイスの記載例】

〈2　適用税率ごとの消費税額等のみを記載する場合〉

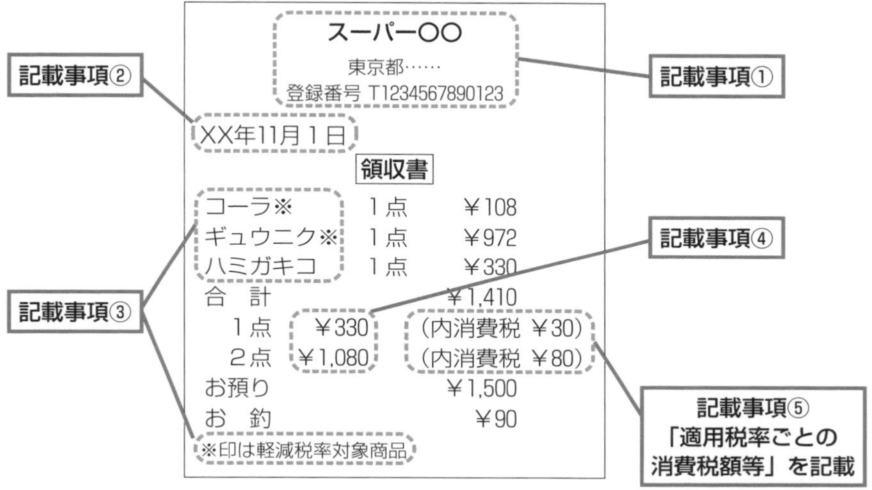

出所：国税庁「消費税の仕入税額控除制度における適格請求書等保存方式に関するQ&A」問58より作成

（3）返還インボイス

インボイス発行事業者が売上返品や売上値引を行い、売上対価の返還を行った場合には、次の事項を記載した返還インボイスを交付しなければなりません。なお、売上対価の返還等にかかる税込価額が1万円未満である場合には、返還インボイスを交付する必要はありません。

【返還インボイスの記載事項】

①インボイス発行事業者の氏名または名称および登録番号
②対価の返還等を行う年月日とそのもとになる課税売上の年月日
③対価の返還等のもとになる課税売上の内容（軽減税率対象資産である場合にはその旨）
④税率ごとに合計した対価の返還等の金額
⑤対価の返還等の金額にかかる消費税額等または適用税率

（4）修正インボイス

売り手であるインボイス発行事業者は、交付したインボイス、簡易インボイスまたは返還インボイスの記載事項に誤りがあったときは、買い手である事業者に対して、修正したインボイス、簡易インボイスまたは返還インボイスを交付しなければなりません。

（5）電子インボイス

インボイス、簡易インボイス、返還インボイスおよび修正インボイス等は、これらの書面の交付に代えて、その記載事項にかかるデータ（電子インボイス）を提供することができます。たとえば、電子メールによるデータの提供や、インターネット上にサイトを設け、そのサイトを通じたデータの提供などです。

なお、電子インボイスを提供したり、電子インボイスの提供を受けたりした場合には、電子帳簿保存法の規定に従って保存することが必要になります（第６章７項参照）。

4 インボイスの保存 ★★

インボイスの交付を受けることが困難な取引では保存する必要はない

（1）帳簿を保存すれば仕入税額控除ができる取引

本則課税による計算では、インボイスと帳簿の保存が仕入税額控除の要件ですが、次に掲げる課税仕入についてはインボイスの保存は不要で、帳簿のみの保存で仕入税額控除が認められます 。

【インボイスの保存が必要ない取引】

①３万円未満の公共交通機関による旅客の運送
②簡易インボイスの要件を満たす入場券等が使用の際に回収される入場料等
③インボイス発行事業者以外の者から買い受ける販売用の古物、質草、建物、再生資源など
④３万円未満の自動販売機・自動サービス機からの商品等の購入
⑤郵便ポストを利用した郵便配達サービス料
⑥従業員等に支給する通常必要と認められる出張旅費等（出張旅費、宿泊費、日当および通勤手当）

①と⑥の違いは、①は事業者が公共交通機関に対して旅客運賃を直接支払った場合が該当し、⑥は事業者が従業員等に対して出張旅費等を支払う場合が該当する点です。この出張旅費等は、実費による精算であっても、事業者が定めた出張旅費規程による定額支給であっても、通常必要と認められる範囲内であればかまいません。

なお、帳簿には「公共交通機関特例」、「自動販売機特例」、「従業員出張旅費特例」など、帳簿のみの保存で仕入税額控除が認められる仕入に該当する旨の記載が必要です。

（2）クレジットカード払いするときの注意点

ところで、事業者の経費の支払において、クレジットカードを利用した決済が行われることがあります。このとき、仕入税額の計算を実額で行う

本則課税を採用する場合には、帳簿の記載に加え、原則としてインボイスの保存が必要となります。

クレジットカードを利用した際、カード会社から交付される請求明細書だけを保存していることが多いと思いますが、この請求明細書はそのカード利用者に対して、商品等を販売した事業者が作成・交付した書類ではないのでインボイスには該当しません。

したがって、この請求明細書の保存は必要ですが、請求明細書のみを保存してもインボイスを保存していることにはならず、３万円未満の公共交通機関特例等によりインボイスの保存が不要なものや、後述する少額特例の適用を受けるものを除き、仕入税額控除の適用を受けることはできません。

保存が必要なのは、商品やサービスを販売した事業者や店舗が発行した**「クレジットカード利用明細書」**です。この利用明細書には、（簡易）インボイスの記載事項が記載されていることが一般的であり、そのような書類であればインボイス等に該当することになります。

本則課税でクレジットカード払いしたときは、カード会社の請求明細書と、支払った店のクレジットカード利用明細書を保存します

5

制度開始に伴う経過措置　★★★

小規模事業者や免税事業者との取引に対応するための措置がある

（1）免税事業者からの仕入にかかる経過措置

本則課税を適用する事業者がインボイス発行事業者でない仕入先等との取引を続けざるを得ない場合、下記のとおり、仕入先に支払った消費税額等相当額（標準税率適用の場合は支払対価の額に110分の10を、軽減税率適用の場合は支払対価の額に108分の８をそれぞれ乗じた金額）のうち一定額については、仕入税額控除を認める経過措置があります。具体的には、令和５年10月１日から令和８年９月30日までの３年間は仕入税額相当額の80%、令和８年10月１日から令和11年９月30日までの３年間は仕入税額相当額の50%が控除可能です。

つまり、インボイス制度導入後直ちに控除額が０になるのではなく、控除額が段階的に減少することで、インボイス発行事業者でない事業者と取引を継続する買い手の納税額負担に配慮したものとなっています。

【免税事業者からの課税仕入にかかる消費税額の控除割合】

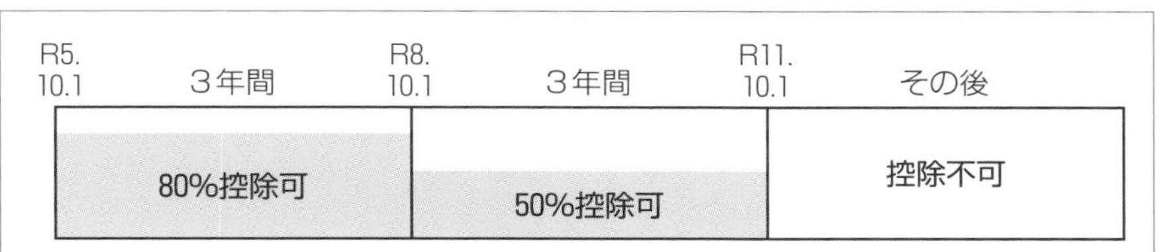

【控除できる金額の計算例】

免税事業者から11,000円（標準税率適用分）の備品を購入した場合の控除額の推移
①令和５年10月１日から令和８年９月30日までの期間
11,000円×10／110×80%＝800円
②令和８年10月１日から令和11年９月30日までの期間
11,000円×10／110×50%＝500円
②令和11年10月１日以後
０円（控除できない）

この経過措置の適用を受けるためには、仕入先が発行した「区分記載請求書(注)」およびこの経過措置の適用を受ける旨その他一定の事項が記載された帳簿を保存することが必要です。

(注) インボイス制度が導入される前の請求書等で、軽減税率対象取引の場合にはその旨を記載し、軽減税率・標準税率の税率の異なるごとに合計した税込対価の額が記載されたもの。

(2) インボイス保存要件の緩和（少額特例）

本則課税を適用し、基準期間における課税売上高が1億円以下である等の事業者については、令和5年10月1日から令和11年9月30日までの間の課税仕入にかかる支払対価の額が1万円未満である場合には、インボイスの保存は必要なく、一定事項を記載した帳簿のみの保存で仕入税額控除が認められる経過措置があります。

つまり、インボイスを入手できない免税事業者等からの上記期間中の1万円未満の課税仕入については、消費税等相当額全額の控除が認められています。

6

納税額の計算 ★★

売上税額は割戻計算、仕入税額は積上計算が原則

インボイス制度導入後の納税額の計算ですが、基本的な消費税額の計算方法はいままでと同じです。つまり、売上と仕入を税率ごとに区分して、売上にかかる消費税額（売上税額）から仕入にかかる消費税額（仕入税額）を控除します。

（1）売上税額の計算

課税標準額に対する消費税額は割戻計算により算出します。特例として積上計算により算出することもできます。なお、売上税額の計算では、割戻計算と積上計算を併用することも可能です。

①原則：割戻計算

その課税期間の税込課税売上高を税率ごとに合計し、割戻計算によって税率ごとの課税標準額を算出し、これに税率を乗じて消費税額を計算します。

②特例：積上計算

交付したインボイスの写しに記載された税率ごとの消費税額等の合計額を基礎に消費税額を計算します。一般的には、少額の課税売上を大量に行う小売業のような業種でニーズが高い計算方法です。なお、売上税額を積上計算とした場合には、仕入税額も積上計算としなければなりません。

積上計算を行うためには、インボイス等の写しに消費税額等の記載があることが条件となっています。通常のインボイスには記載が義務付けられていますが、簡易インボイスについては、消費税額等または適用税率のいずれかを記載することとされていますので、消費税額等の記載がない場合には積上計算を採用することはできません。

（2）仕入税額の計算

本則課税で控除する仕入税額の計算を行う場合、国内取引における課税仕入にかかる消費税額の計算は、積上計算が原則で、割戻計算が特例です。なお、請求書等積上計算と帳簿積上計算という計算方法があるのですが、併用は認められていても、これらの方法と割戻計算を併用することは認められません。また、輸入消費税の仕入税額計算は積上計算のみです。

①原則：積上計算

交付を受けたインボイスに記載された消費税額等を積み上げる「請求書等積上計算」と、課税仕入のつど、帳簿に計上した仮払消費税等の金額を積み上げる「帳簿積上計算」の２種類があります。

②特例：割戻計算

課税期間中の税込課税仕入の合計額から消費税額を割り戻して算出します。ただし、仕入税額を割戻計算で行うことができるのは、売上税額を割戻計算で行う場合に限られ、割戻計算と積上計算を併用する場合は適用できません。

【インボイス制度における税額計算の適用の可否】

売上税額の計算方法	適用可否	仕入税額の計算方法
割戻計算	○	請求書等積上計算
	○	帳簿積上計算
	○	割戻計算
積上計算	○	請求書等積上計算
	○	帳簿積上計算
	×	割戻計算
割戻計算と積上計算を併用	○	請求書等積上計算
	○	帳簿積上計算
	×	割戻計算

第6章

実務上のポイントを知っておこう

1

申告書作成の手順 ★★★

正確な確定申告書を作成するには日々の記帳が大切

所得税や法人税はもちろん、消費税の申告をするためには帳簿を作成することが必要です。取引の発生から所得税や法人税、消費税の税額計算や決算書作成までの一般的な手順を時系列に沿って並べると次のようになります。

【取引の発生から決算書作成まで】

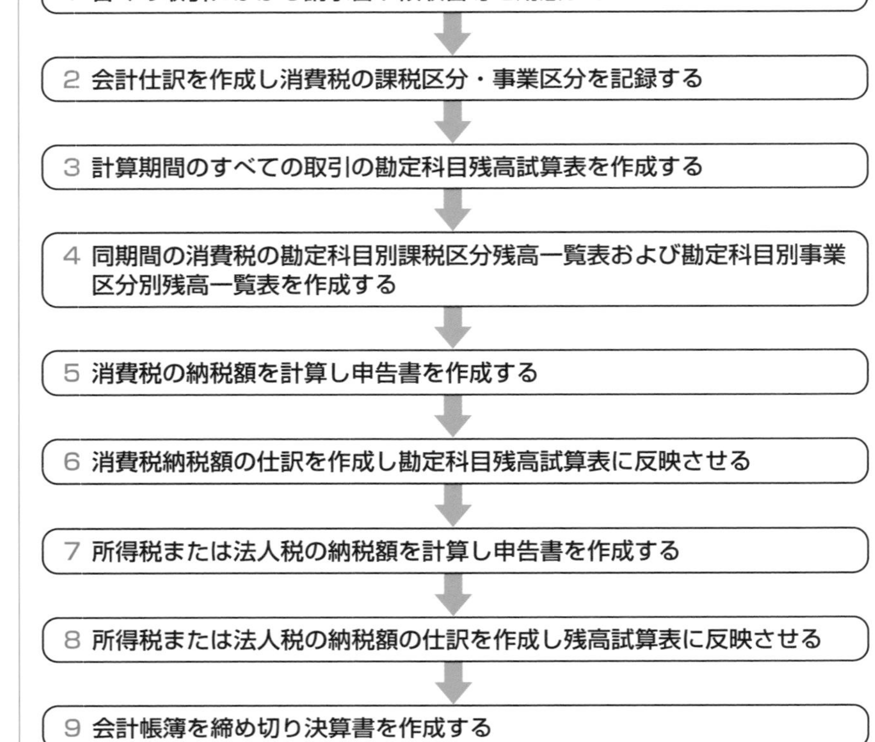

（1）日々の取引にかかる請求書や領収書等を用意する

発生した取引を正確に記帳するための資料をそろえます。売上に関する取引は、請求書（インボイス等）の控えや売上台帳などが必要です。仕入や経費の支払いに関する取引は、仕入先等からの請求書や仕入台帳、給与台帳、経費精算時の精算書や領収書などを用意します。

仕入など支払いを行う取引では、第５章で説明したとおり、支払先がインボイス発行事業者か否かによって控除できる消費税額が異なるため、支払先から受領した書類がインボイスか否かを区別して整理する必要があります。しかも、インボイス発行事業者から受領する請求書や領収書等であっても、「この書類はインボイスに該当します」などと記載されていることはほとんどないので、記載事項を自分自身でチェックして判断しなければなりません。この作業を行っていなければ、次の手順では正確な作業ができなくなるのでご注意ください。

（2）会計仕訳を作成し消費税の課税区分・事業区分を記録する

（1）で把握した日々の取引を会計仕訳として記帳します。時間が経てば記憶があいまいになるため、この作業は取引の発生後速やかに行うことが推奨されます。手作業の場合はもちろん、会計ソフト等を利用して帳簿作成を行う場合も、消費税の申告作業に備えて仕訳ごとに課税区分や適用税率を記録します。このとき、仕入や経費など支払関係の仕訳については、インボイス発行事業者か否かで区別しなければなりません（本則課税以外の計算方法で税込経理方式〈本章２項参照〉を適用する場合を除く）。なお、簡易課税で計算する場合は、売上等の事業区分が必要です。

（3）計算期間のすべての取引の勘定科目残高試算表を作成する

計算期間が終了したら、その期間中のすべての取引について勘定科目残高試算表を作成します。会計ソフト等を利用すれば自動的に集計ができますが、仕訳数が少ないなどの理由で会計ソフトを利用していない場合は、表計算ソフト等で対応しましょう。これは、所得税や法人税の申告に必要な決算書を正確に作成するために必要な作業です。

（4）同期間の消費税の勘定科目別課税区分残高一覧表および勘定科目別事業区分残高一覧表を作成する

課税期間中のすべての取引について、（2）で記録した課税区分ごと、かつ適用税率ごとに集計し、消費税の納税額算出に必要となる勘定科目別課税区分残高一覧表を作成します。簡易課税により税額計算を行う場合は、課税売上について勘定科目別事業区分残高一覧表も作成しなければなりません。

【勘定科目別課税区分残高一覧表の例】

●売上関係・標準税率適用分　（税込金額・単位：円）

	課税売上	免税売上	非課税売上	課税対象外	合計
売上高					
売上値引					
雑収入					
固定資産売却収入					
…					
R5.9.30以前のもの					
合計					

●仕入関係・標準税率適用分　（税込金額・単位：円）

	課税仕入	免税事業者からの課税仕入	免税仕入 非課税仕入 課税対象外	合計	輸入消費税
商品仕入高					
仕入値引					
旅費交通費					
地代家賃					
…					
固定資産の購入					
R5.9.30以前のもの		—			
合計					

（5）消費税の納税額を計算し申告書を作成する

（4）で作成した勘定科目別課税区分残高一覧表および勘定科目別事業区分残高一覧表をもとに、その課税期間の消費税の納税額を計算します。なお、２割特例の適用がある事業者は、本則課税または簡易課税と２割特例のどちらが有利か確認し、納税額を決定します。また、消費税申告書の作成にあたって、確定申告書の第一表は、本則課税により計算する場合は「一般用」を使用し、簡易課税により計算する場合は「簡易課税用」を使用します。

（6）消費税納税額の仕訳を作成し勘定科目残高試算表に反映させる

消費税納税額の会計仕訳は本章２項で詳しく触れますが、採用する経理方式によって仕訳や計上の時期が異なります。消費税の納税額を利益に反映させることで、所得税や法人税の税額計算を正確に行うことができます。

（7）所得税または法人税の納税額を計算し申告書を作成する

所得税法または法人税法の規定に従って納税額を計算します。所得税では青色申告特別控除などの規定があり、また、支払調書や源泉徴収票などの源泉所得税は納税額算出の過程で控除するので忘れないようにしてください。

（8）所得税または法人税の納税額の仕訳を作成し残高試算表に反映させる

納税額が計算できたら、これを会計仕訳として入力し、残高試算表に反映させます。

（9）会計帳簿を締め切り決算書を作成する

計算期間のすべての取引を記録した会計帳簿を締め切って、消費税、所得税または法人税の納税額を反映した決算書を作成します。

2

消費税の経理処理 ★★★

消費税の経理方法は税込経理方式と税抜経理方式の２つある

所得税や法人税の所得計算を行うために必要な帳簿の作成にあたり、課税取引に課される消費税を経理する方法として、**税込経理方式と税抜経理方式の２つ**があります。

消費税の経理処理については、税込経理方式・税抜経理方式のどちらを選択するかは自由ですが、消費税の納税義務がない**免税事業者は税込経理方式によらなければならない**ことになっています。そして、選択した方法は原則としてその事業者の行うすべての取引について適用しなければなりません。

また、経理処理の違いにより、事業者の課税される所得金額は異なることもありますが、その課税期間における納付すべき消費税額は、経理処理に関係なく同額になります。

なお、以下の事例では、仕入先や支払先からインボイスの交付を受けているものとします。

ここがポイント！

- 消費税初心者には税込経理方式がおススメ！

（1）税込経理方式

税込経理方式とは、消費税の課税される取引について、**消費税等の額とその消費税等にかかる取引の対価の額（本体価額）とを区分しないで経理する方式**をいいます。消費税等の額と本体価額の合計額で帳簿に記入するため、税抜経理方式に比べて経理処理が簡単です。帳簿作成に不慣れな方や、会計ソフトなどを利用せずに経理処理を行う方は、税込経理方式を選択するほうがよいでしょう。また、消費税等の額を含んだ金額で損益が把握されるため、通常は消費税等の金額分だけ利益の額が大きくなります。

【税込経理方式の「期中取引」の仕訳例】

●商品550,000円（標準税率適用・税込）を仕入れた				
（借）	仕入	550,000	（貸）買掛金	550,000
●商品880,000円（標準税率適用・税込）を販売した				
（借）	売掛金	880,000	（貸）売上	880,000
●通信費110,000円（税込）を支払った				
（借）	通信費	110,000	（貸）現金	110,000
●備品220,000円（税込）を購入した				
（借）	備品	220,000	（貸）現金	220,000
●簿価165,000円の車両を275,000円（税込）で売却した				
（借）	現金	275,000	（貸）車両	165,000
			（貸）売却益	110,000

納付税額が算出された場合、原則的な処理では期末に何ら処理を行わず、申告書提出時（納付時）に納付税額を「租税公課」として処理します。なお、決算日において納付税額を未払計上し、決算日に損金算入することもできます。

【税込経理方式の「期末取引」の仕訳例】

●期末納付税額が160,000円と算出された場合					
（原則）	決算日	処理なし			
	納付時	（借）租税公課	160,000	（貸）普通預金	160,000
（特例）	決算日	（借）租税公課	160,000	（貸）未払消費税等	160,000
	納付時	（借）未払消費税等	160,000	（貸）普通預金	160,000
●期末還付税額が80,000円と算出された場合					
（原則）	決算日	処理なし			
	還付時	（借）普通預金	80,000	（貸）雑収入	80,000
（特例）	決算日	（借）未収入金	80,000	（貸）雑収入	80,000
	還付時	（借）普通預金	80,000	（貸）未収入金	80,000

（2）税抜経理方式

税抜経理方式とは、消費税の課税される取引について、消費税等の額とその消費税等にかかる取引の対価の額（本体価額）とを区分して経理する方式をいいます。消費税等の額は「仮受消費税等」、「仮払消費税等」として記帳し、本体価額はそれぞれ勘定科目別に記帳しなければなりませんので、帳簿等の作成が煩雑になります。帳簿作成に慣れている方や会計ソフトを上手に使って経理事務ができる方などに向いています。

「仮受消費税等」や「仮払消費税等」の金額は、通常は適用される税率ごとに税込金額から割り戻して計算しますが、「積上計算」を行う場合には、1つのインボイスに記載されている消費税額を税率ごとに記載することも可能です。

税抜経理方式では消費税等の額を区分しているため、月次決算でも損益を正確に把握することができます。また、本則課税を採用し仕入税額を全額控除できるような場合には、期中における納税額の予測も、仮受消費税等の勘定残高と仮払消費税等の勘定残高との差額をもとに、簡単に計算することができます。

ただし、仕入税額の一部しか控除できない場合や、簡易課税制度により仕入控除税額を計算する場合等は、実際の納付税額と仮受消費税等・仮払消費税等の差額との間に大きな差異が生じることがあり、事業者の利益金額や課税所得金額に少なからず影響があることも考慮しておく必要があります。

税抜経理方式は、帳簿等の作成が煩雑なため経理に慣れた人向けですが、メリットも多いので理解しておいてソンはありません
なお、免税事業者等からの課税仕入を税抜経理方式で行うときは、168ページのコラムをご参照ください

【税抜経理方式の「期中取引」の仕訳例】

●商品550,000円（標準税率適用・税込）を仕入れた

（借）	仕　　入	500,000	（貸）	買　掛　金	550,000
（借）	仮払消費税等	50,000			

●商品880,000円（標準税率適用・税込）を販売した

（借）	売　掛　金	880,000	（貸）	売　　上	800,000
			（貸）	仮受消費税等	80,000

●通信費110,000円（税込）を支払った

（借）	通　信　費	100,000	（貸）	現　　金	110,000
（借）	仮払消費税等	10,000			

●備品220,000円（税込）を購入した

（借）	備　　品	200,000	（貸）	現　　金	220,000
（借）	仮払消費税等	20,000			

●簿価150,000円の車両を275,000（税込）で売却した

（借）	現　　金	275,000	（貸）	車　　両	150,000
			（貸）	売　却　益	100,000
			（貸）	仮受消費税等	25,000

税抜経理方式を採用している場合であっても、売上税額および仕入税額の計算を「割戻計算」で行う場合は、売上も仕入もいったん税込金額に戻してから、その税込金額の合計額をもとに計算を行います。

そのため、納付税額または還付税額と仮受消費税等・仮払消費税等との差額とは、端数処理の違いにより通常は一致しません。期末整理仕訳により仮受消費税等と仮払消費税等を相殺して納付税額を未払計上し、または還付税額を未収計上することになりますが、このときに生じる差額はその課税期間を含む事業年度等における益金（「雑収入」など）または損金（「租税公課」など）として処理します。したがって、消費税の計算は所得税や法人税の計算に先立って行う必要があるのです。

【税抜経理方式の「期末取引」の仕訳例】

●期末納付税額が160,000円と算出された場合

（仮払消費税等の残高は959,850、仮受消費税等の残高は1,120,000とする）

決算日	（借）仮受消費税等	1,120,000	（貸）仮払消費税等	959,850
			（貸）未払消費税等	160,000
			（貸）雑　収　入	150
納付時	（借）未払消費税等	160,000	（貸）普 通 預 金	160,000

●期末還付税額が80,000円と算出された場合

（仮払消費税等の残高は999,880、仮受消費税等の残高は920,000とする）

決算日	（借）仮受消費税等	920,000	（貸）仮払消費税等	999,880
	（借）未 収 入 金	80,000	（貸）雑　収　入	120
還付時	（借）普 通 預 金	80,000	（貸）未 収 入 金	80,000

（3）期末一括税抜経理方式

税抜経理方式では、利益金額や課税所得金額に対する消費税等の影響を受けないため、主に損益面から事業者の経営実態を把握するには税込経理方式よりも適しているといえます。

一方で、税抜経理方式では帳簿に計上された金額が取引時に授受する金額とは必ずしも一致しないため、入出金の把握は、消費税等を含んだ金額で処理を行う税込経理方式のほうがわかりやすいといえます。

そこで、両者の長所を組み合わせて、期中は消費税等税込みの金額で経理しておいて、期末に一括して税抜経理方式に修正する期末一括税抜経理方式が認められています。

期中に税込価額で経理を行っていた取引について、期末に税抜価額に修正すると、次のようになります。

【期末一括税抜経理方式の「期末取引」の仕訳例】

●**売　上：勘定科目残高　2,200,000円（標準税率適用・税込）**
消費税等　2,200,000×10／110＝200,000
修正仕訳　（借）売　上　200,000　（貸）仮受消費税等　200,000
修正後の売上勘定残高（税抜）　2,200,000－200,000＝2,000,000

●**仕　入：勘定科目残高　1,760,000円（標準税率適用・税込）**
消費税等　1,760,000×10／110＝160,000
修正仕訳　（借）仮払消費税等　160,000　（貸）仕　入　160,000
修正後の仕入勘定残高（税抜）　1,760,000－160,000＝1,600,000

●**通信費：勘定科目残高　560,000円〔うち課税仕入550,000円（税込）〕**
消費税等　550,000×10／110＝50,000
修正仕訳　（借）仮払消費税等　50,000　（貸）通信費　50,000
修正後の通信費勘定残高（税抜）　560,000－50,000＝510,000

（4）経理処理の選択と課税所得への影響

どの経理方式を選択しても納税額は原則として同じになりますが、所得税・法人税の所得金額の計算上は以下の点で異なります。概して税抜経理方式のほうが課税される所得金額は少なくなります。

ここがポイント！

● **手間のかかる税抜経理方式のほうが所得税・法人税の計算では有利**

①少額の減価償却資産の取得価額等の判定

たとえば、「少額の減価償却資産の取得価額の損金算入」の規定を適用するにあたって、取得時に損金算入が可能となる「取得価額が10万円未満」という金額基準を満たしているかどうかは、その事業者が適用している税抜経理方式または税込経理方式に応じて、その適用している方式により算定した価額により判定することとされています。

つまり、税抜経理方式の場合は税抜金額が10万円未満であれば基準を満たしますが、税込経理方式の場合は税込金額で判定を行うため、本体価額は90,909円（税込価額99,999円）が上限額となります。

他の規定（一括償却資産の損金算入、繰延資産となる費用のうち少額のものの損金算入、中小企業者等の少額減価償却資産の取得価額の損金算入の特例その他措置法に規定する特別償却等）の適用についても同様に判定を行います。

②交際費等

法人が支出した交際費等の金額のうち一定額は損金に算入することができません。損金算入限度額はいずれの経理処理を選択しても同額ですので、消費税等の額を含んだ金額で交際費等の金額を認識する税込経理方式よりも本体価額で交際費等の金額を認識する税抜経理方式のほうが有利になります。また、交際費等の範囲から除かれる飲食等のために要する費用の金額基準（１人当たり5,000円以下。令和６年度税制改正で、１人当たり１万円以下に拡充される予定）も、本体価額で判定する税抜経理方式のほうが有利になります。

なお、税抜経理方式を適用している場合における交際費等にかかる消費税等の額のうち、後述する控除対象外消費税額等に相当する金額は、交際費等の額に含まれることになります。

③棚卸資産の期末評価額

期末棚卸資産の評価額のもとになる取得価額は、税抜経理方式の場合は本体価額、税込経理方式の場合は消費税等を含んだ金額になります。したがって、税込経理方式のほうが税抜経理方式に比べて期末棚卸資産の評価額は大きくなります。

④資産の評価損益等にかかる時価

たとえば、再生計画認可の決定があったことにより、所有する資産または時価評価資産について再評価を行う場合の時価は、その資産またはその時価評価資産につき法人が適用している税抜経理方式または税込経理方式に応じて、その適用している方式による時価を適用することとされています。

⑤寄付金にかかる時価

法人税法の規定により、法人が資産を贈与または低額譲渡した場合には、その贈与または低額譲渡時の時価により譲渡したものとされ、時価との差額は寄付金とされます。

この場合の時価は、その資産につき法人が適用している税抜経理方式または税込経理方式に応じ、その適用している方式による価額をいうので、寄付金とされる経済的な利益の供与時における価額は、法人が売上等の収益にかかる取引につき適用している経理方式に応じた価額になります。

⑥減価償却資産の取得と還付金の処理

たとえば、多額の設備投資によって仕入消費税が増加し、申告の結果、還付金が発生した場合、税込経理方式ではその還付金額は総収入金額または益金の額に算入され、課税所得金額が増加することになります。

一方、税抜経理方式の場合には、還付金額は仮受消費税等と仮払消費税等の差額として把握され、課税所得金額に影響を及ぼすことはありません。

なお、税込経理方式を適用した場合には、設備投資にかかる減価償却資産の取得価額に消費税等の額が含まれることになりますが、この消費税等はその減価償却資産の耐用年数にわたって、減価償却費として必要経費または損金に算入されることになります。

⑦個人事業者の場合

個人事業者が事業所得等（不動産所得、事業所得、山林所得または雑所得）のうち２以上の所得区分にかかる業務を行う場合には、その所得区分ごとに経理処理を選択することができます。

また、事業所得等のうち２以上の所得区分にかかる業務について税抜経理方式を適用している場合に、仮受消費税等・仮払消費税等との差額と納付税額または還付税額とに差額が生じたときは、税抜経理方式を適用している所得区分にかかる取引ごとに、それぞれの所得区分における必要経費または総収入金額に算入します。

個人事業者が事業用として使用する資産を売却した場合には、消費税の課税対象となります。この資産の売却による所得は「譲渡所得」に区分されますが、この場合には、その資産を使用していた事業等と同じ経理処理を行います。

⑧免税事業者等からの仕入

税込経理方式・税抜経理方式のいずれであっても、インボイスの交付を受けられない免税事業者からの仕入は、インボイス発行事業者からの仕入とは明確に区分しておく必要があります。

免税事業者からの課税仕入にかかる経過措置（第５章５項参照）により、令和５年10月１日から令和８年９月30日までの３年間は仕入税額相当額の80%、令和８年10月１日から令和11年９月30日までの３年間は仕入税額相当額の50%が控除可能となっています。

特に、税抜経理方式を適用している場合には、本体価額と消費税額の内訳がインボイス発行事業者からの課税仕入とは異なるため注意が必要です。

【税抜経理方式の場合の事例】

〈事例１〉

令和５年10月１日から令和８年９月30日までの間に、免税事業者から110万円で自動車を購入した場合の経理処理

（借）		（貸）	
車両運搬具	102万円	現　　　金	110万円
仮払消費税等	８万円		

〈事例２〉

令和８年10月１日から令和11年９月30日までの間に、免税事業者から110万円で自動車を購入した場合の経理処理

（借）		（貸）	
車両運搬具	105万円	現　　　金	110万円
仮払消費税等	５万円		

〈事例３〉

令和11年10月１日以降に、免税事業者から110万円で自動車を購入した場合の経理処理

（借）車両運搬具　110万円　　　（貸）現　　　金　110万円

（５）控除対象外消費税額等の処理

税抜経理方式を適用している場合で、その課税期間における課税売上高が５億円を超えるとき、またはその課税期間における課税売上割合が95％未満であるときは、課税仕入等の税額の一部しか控除することができません。このため、仮払消費税等の額のうち仕入税額控除のできない金額（「控除対象外消費税額等」）が生じます。

したがって、税込経理方式を適用している場合や、その課税期間における課税売上高が５億円以下であり、かつ、その課税期間における課税売上割合が95％以上である場合には、控除対象外消費税額等は生じません。

控除対象外消費税額等のうち資産にかかる控除対象外消費税額等について、①発生事業年度の課税売上割合が80％未満であり、かつ、②棚卸資産にかかるもの以外のものでその金額が20万円以上であるもの、という要件を満たす場合には、発生から60か月間で償却を行います。

3

課税区分の判定 ★★★

日々の記帳で取引ごと勘定科目別に課税区分を明確にしておこう

消費税の申告書を正しく作成するために必要なことは、日常的な経理処理の中で、１つひとつの取引について消費税の課税区分を正確に行うことです。

具体的には、その取引が、

①課税売上（標準税率適用分・軽減税率適用分）
②課税売上の値引き（標準税率適用分・軽減税率適用分）
③課税売上の貸倒れ（標準税率適用分・軽減税率適用分）
④輸出免税売上
⑤非課税売上
⑥非課税資産の輸出売上
⑦有価証券の譲渡
⑧課税対象外の売上
⑨インボイス発行事業者からの課税仕入（標準税率適用分・軽減税率適用分）
⑩免税事業者からの課税仕入（標準税率適用分・軽減税率適用分）
⑪輸入消費税の支払い（標準税率適用分・軽減税率適用分）
⑫免税適用の仕入
⑬非課税仕入
⑭課税対象外の仕入

のいずれに該当するか（場合により⑨、⑩、⑪については用途区分も必要）を正確に区分しておかなければなりません。また、簡易課税を適用する場合には①、②についての事業区分が必要です。

本項では、主要な勘定科目について留意点を説明しながら、課税区分の判定例を確認します。

ここがポイント！

- 日々の記帳によって１つひとつの課税区分を行うことが大切

（1）売上・営業収入、固定資産の売却収入

①卸売業・小売業

一般的な課税商品の国内売上高は課税売上となりますが、国外へ輸出する場合の売上高は輸出免税売上となります。ただし、三国間貿易のように外国貨物を国内に搬入することなく他へ譲渡する場合は、国外取引のため課税対象外取引となります。

また、たとえば車いすのように身体障害者用物品の国内売上高は非課税売上となりますが、これを国外に輸出する場合には非課税資産の輸出取引として課税売上割合の計算上、分母および分子に含めることとなります（101ページ参照）。

②製造業・建設業

製造業の場合は、一般的な課税製品の国内売上高は課税売上となりますが、輸出売上高は輸出免税売上となります。また、車いすのような身体障害者用物品など非課税となる製品の製造であれば、その製品の売上高は非課税売上となります。

建設業の場合は、施工場所が国内の場合には課税売上となり、施工場所が国外の場合には、国外取引のため課税対象外取引となります。

③運輸業

国内輸送による売上高は課税売上になりますが、旅客・貨物の国際輸送は輸出免税取引に該当します。なお、通関業務を営む場合の通関業務料や外国貨物にかかる運送・保管業務料なども輸出免税の適用があります。

④金融業・保険業

貸付金の利息収入や保険料収入は非課税売上となりますが、事務手数料や代理店手数料などは課税売上となります。

⑤不動産業

国内の土地の販売による収入は非課税売上、建物の販売による収入は課税売上となります。不動産売買の仲介手数料による収入や不動産の管理手数料収入も課税売上です。なお、不動産の賃貸による収入のうち、土地や居住用物件の貸付による収入は非課税売上、店舗や事務所用の物件の貸付による収入は課税売上となります。

⑥サービス業

一般的なサービス業の収入は課税売上となりますが、旅行業者の主催する海外パック旅行にかかる料金は、その提供するサービスの内容により、国内の課税売上、輸出免税売上、国外における課税対象外収入が発生します。

⑦医療業

保険診療報酬は患者の一部負担分も含めて非課税売上となりますが、自由診療報酬は課税売上となります。

⑧学校教育

学校教育法上の学校、専修学校等にかかる授業料、入学金などは非課税売上となりますが、文房具等の売上は課税売上となります。

⑨固定資産の売却収入

固定資産の売却による収入は、売却損益ではなく、あくまでも売却金額で売上高を認識します。なお、売却に際して受け取る固定資産税等の精算金も売却金額に含めます。

【資産の譲渡による収入の判定例】

取引の内容	課税区分
課税商品の国内売上高	課税売上
課税商品の輸出売上高	輸出免税売上
身体障害者用物品等の非課税商品の国内売上高	非課税売上
非課税商品の輸出売上高	非課税資産の輸出
国内の事務所用建物、店舗用建物の売却収入	課税売上
国内の居住用建物、住宅の売却収入	課税売上
土地や借地権等の売却収入	非課税売上
国内登録の特許権や商標権等の売却収入	課税売上
国内所在のゴルフ場の会員権の売却収入	課税売上
個人事業者の課税商品の家事消費	課税売上
法人の役員に対する課税資産の贈与	課税売上

【資産の貸付による収入の判定例】

取引の内容	課税区分
事務所、店舗等の貸付による家賃収入	課税売上
事務所、店舗等の礼金、更新料収入	課税売上
事務所、店舗等の保証金・敷金収入（返還を要するもの）	課税対象外
事務所、店舗等の保証金・敷金収入（返還を要しないもの）	課税売上
事務機器、車両等の貸付による収入	課税売上
国内登録の特許権や商標権等の貸付による収入	課税売上
国内登録の特許権や商標権等の貸付による収入（非居住者に対するもの）	輸出免税売上
土地の貸付による収入（貸付期間１か月以上）	非課税売上
土地の貸付による収入（貸付期間１か月未満）	課税売上
駐車場施設の貸付による収入	課税売上
住宅、社宅の貸付による家賃・共益費収入（貸付期間１か月以上）	非課税売上
住宅、社宅の貸付による家賃・共益費収入（貸付期間１か月未満）	課税売上
住宅の礼金、更新料収入	非課税売上
旅館、ホテルなどの施設の貸付による収入	課税売上

【サービスの提供による収入の判定例】

取引の内容	課税区分
国内におけるサービスの提供による収入	課税売上
国内輸送による売上高	課税売上
国際輸送による売上高	輸出免税売上
不動産の仲介手数料収入	課税売上
国内不動産の管理手数料収入	課税売上
金融業の事務手数料、保険業の代理店手数料	課税売上
医療サービスの提供による収入（保険診療報酬）	非課税売上
医療サービスの提供による収入（自由診療報酬）	課税売上

（2）営業外収入・金融取引による収入

預金利息や貸付金の受取利子などは非課税売上となりますが、非居住者に対する貸付金の利子収入や外国国債の利子収入などは非課税資産の輸出取引に該当し、課税売上割合の計算上、分母・分子ともに含めることになります（101ページ参照）。

上場株式等の流動性の高い有価証券の売却収入も非課税売上となりますが、譲渡対価の５％相当額を課税売上割合の計算上、分母に含めます。

また、買掛金を支払期日前に支払ったことにより仕入先から支払いを受ける仕入割引は、会計上は利子的な性格を持つものとして財務活動収入として扱われていますが、消費税においては仕入対価の調整項目（仕入にかかる対価の返還等）として取り扱います。

【営業外収入・金融取引による収入の判定例】

取引の内容	課税区分
普通預金の利息、公社債の利子、貸付金の利子	非課税売上
非居住者に対する貸付金の利子、外国国債の利子	非課税資産の輸出
利益の配当、剰余金の分配	課税対象外
証券投資信託の収益分配金	非課税売上

上場株式、国債の売却収入	非課税売上（譲渡対価の５%を分母に含める）
国債、社債等の償還差益	非課税売上
仕入割引（課税仕入にかかるもの）	仕入にかかる対価の返還等
為替差益	課税対象外

（3）その他の収入

①保険金・共済金、補助金・助成金など

保険金または共済金は、保険事故の発生に伴い受けるものであり、また、寄付金は対価性のない収入ですので課税対象外になります。

国や地方公共団体等から受ける補助金や助成金等の給付金は、資産の譲渡等の対価に該当しないため課税対象外となります。

②損害賠償金

損害賠償金は、心身または資産に加えられた損害の発生に伴い受けるものであるため通常は課税の対象とはなりません。ただし、たとえば次に掲げる損害賠償金のように、その実質が資産の譲渡等の対価に該当すると認められるものは課税の対象となります。

（イ）損害を受けた棚卸資産等が加害者に引き渡される場合で、その棚卸資産等がそのまま、または簡単な修理を加えることにより使用できるときに、その棚卸資産等の所有者が収受する損害賠償金

（ロ）特許権や商標権などの無体財産権の侵害を受けた場合に、その無体財産権の権利者が収受する損害賠償金

（ハ）不動産等の明渡しが遅れた場合に賃貸人が収受する損害賠償金

③キャンセル料

予約の取消しや変更に伴って収受するキャンセル料、解約損害金等は、逸失利益等の補てん金であるため、課税の対象とはなりません。ただし、

解約手続きなどの役務提供に対する対価である解約手数料や払戻手数料等は課税の対象となります。

【その他の収入の判定例】

取引の内容	課税区分
保険金（共済金）収入	課税対象外
寄付金収入、祝金、見舞金	課税対象外
補助金・助成金収入	課税対象外
損害賠償金（心身または資産に加えられた損害につき収受するもの）	課税対象外
損害賠償金（実質的に資産の譲渡等の対価に該当するもの）	課税の対象 （資産の内容に応じて判断する）
キャンセル料、解約損害金	課税対象外
解約手数料、払戻手数料	課税売上

（4）仕入・営業支出

課税商品の仕入高は課税売上対応の課税仕入となりますが、その商品またはその原材料で製造される製品から発生する売上を考慮して課税仕入等の用途区分を行います。

【仕入・営業支出の判定例】

取引の内容	課税区分	用途区分
一般的な課税商品の仕入高	課税仕入	課税対応
課税商品の仕入にかかる運送料	課税仕入	課税対応
課税商品の仕入にかかる保険料	非課税仕入	―
原材料の仕入高（課税製品用）	課税仕入	課税対応
原材料の仕入高（非課税製品用）	課税仕入	非課税対応
身体障害者用物品の仕入高	非課税仕入	―

（5）給与・賞与等

雇用契約に基づく労働の対価として支払われる給与や賞与等は、課税仕入とはなりません。

また、使用人の出向に際し、出向元事業者（出向者を出向させている事業者）が給与を支払うこととしているため、出向先事業者（出向元事業者から出向者の出向を受けている事業者）が出向元事業者に支払う給与負担金は、出向先事業者における出向者への給与として取り扱われます。したがって、給与負担金は課税仕入には該当しません。出向先事業者が、実質的に給与負担金の性質を有する金額を経営指導料等の名義で支出する場合も同様です。

一方、人材派遣契約により人材派遣会社に支払う派遣料は、サービスの提供の対価として課税仕入となります。

【給与・賞与等の判定例】

取引の内容	課税区分	用途区分
使用人や役員に支給する給与・賞与等	課税対象外	―
出向元事業者へ支払う給与負担金	課税対象外	―
人材派遣会社に支払う人材派遣料（派遣社員は経理事務に従事）	課税仕入	共通対応

「共通対応」とは、その課税仕入が課税売上・非課税売上の両方に貢献するもの、または売上との明確な対応関係がないものです。たとえば、国内の土地・建物を売却するときに支払う仲介手数料や、本社事務所の国内電話代、家賃などが該当します

【出向先事業者が支出する給与負担金と労働者派遣にかかる派遣料】

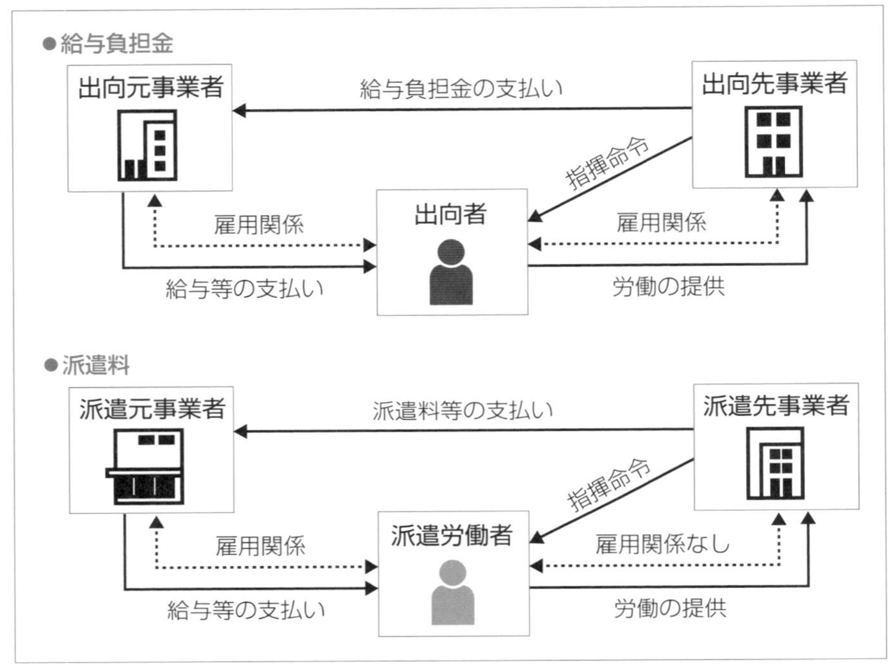

(6) 法定福利費・福利厚生費

法定福利費で処理される社会保険料、労働保険料などは非課税仕入となります。

また、使用人等に支給する通勤手当ですが、所得税においては電車やバスなどの交通機関を利用して通勤する場合、1か月あたり15万円を超える部分は給与所得として課税されます。しかし、消費税においては、支給方法(たとえば、定期券等の現物給付とする方法や通勤手当として給与と同時に支給する方法など)の如何を問わず、1か月あたり15万円を超える場合であっても、それが通勤に通常必要であると認められる金額であれば課税仕入となります。

【法定福利費・福利厚生費の判定例】

取引の内容	課税区分	用途区分
社会保険料、労働保険料	非課税仕入	−
管理部門の通勤手当	課税仕入	共通対応
課税製品の製造部門の通勤手当	課税仕入	課税対応
住宅手当、扶養手当の支給	課税対象外	−
国内への社員旅行費用	課税仕入	共通対応
海外への社員旅行費用	課税対象外（免税仕入）	−
社員の健康診断費用	課税仕入	共通対応
社員への祝金、見舞金、香典等（現金によるもの）	課税対象外	−
社員への生花、花輪等の慶弔費（課税物品によるもの）	課税仕入	共通対応
スポーツクラブの年会費	課税仕入	共通対応

（7）旅費交通費

国内の出張旅費や宿泊費および日当については、通常必要と認められる金額、適正な基準の社内規定により支給されるものについては課税仕入となります。なお、従業員等に支給する出張旅費等や通勤手当はインボイスの保存が不要です。海外への出張旅費や宿泊費および日当については、輸出免税の適用を受ける仕入または国外取引に該当するので、課税仕入には該当しません。

鉄道やバスのプリペイドカードや回数券の購入については、購入時は非課税仕入とし、使用に応じて使用分を課税仕入として認識していく方法が原則ですが、継続適用を条件に購入時に全額を課税仕入とする処理も認められています。

【旅費交通費の判定例】

取引の内容	課税区分	用途区分
国内出張旅費、宿泊費、日当（課税商品の商談のためのもの）	課税仕入	課税対応

海外出張旅費、宿泊費、日当	課税対象外 (免税仕入)	−
鉄道・バス等のプリペイドカードの購入	課税仕入	共通対応

(8) 荷造運送費

国内輸送にかかる運賃等は課税仕入となりますが、国内から国外への貨物の輸送または国外から国内への貨物の輸送(国際輸送)は輸出免税取引となり、課税仕入とはなりません。

また、国際輸送として行う貨物の輸送の一部に国内輸送が含まれている場合であっても、それが国際輸送の一環としてのものであることが契約において明らかにされているときは、その国内輸送は国際輸送に該当するもの、つまり輸出免税の適用を受けるものとして取り扱います。

【荷造運送費の判定例】

取引の内容	課税区分	用途区分
課税商品の国内輸送にかかる運賃	課税仕入	課税対応
課税商品の国際輸送にかかる運賃	免税仕入	−
外国貨物にかかる荷役、運送、保管等	免税仕入	−
軽油代と一緒に支払う軽油引取税	課税対象外	−

(9) 広告宣伝費・販売奨励金

国内において行う広告宣伝費用は課税仕入となりますが、その広告がどのような効果を期待して行うものであるかによって用途区分を判断することになります。

また、販売促進の目的で販売数量・販売高等に応じて取引先に金銭で支払う販売奨励金は、売上にかかる対価の返還等として税額控除を行います。

なお、国外において行う資産の譲渡等のための課税仕入、たとえば、国外所在の土地を売却するために国内で行う広告宣伝費用の用途区分は、課税売上対応の課税仕入となります。

【広告宣伝費・販売奨励金の判定例】

取引の内容	課税区分	用途区分
会社のホームページ作成費用	課税仕入	共通対応
課税商品のカタログの作成費用	課税仕入	課税対応
賃貸住宅の入居者募集広告	課税仕入	非課税対応
課税商品の販売数量等に応じて取引先に支払う販売奨励金	売上にかかる対価の返還等	－
課税商品の販売促進のために配布される試供品等（課税資産）の購入	課税仕入	課税対応
国外の不動産売却のための国内での広告宣伝費用	課税仕入	課税対応
国外の不動産売却のための国外での広告宣伝費用	課税対象外	－

(10) 地代家賃・賃借料

住宅や社宅の家賃は共益費部分も含めて非課税仕入となりますが、賃借期間が１か月未満のものは課税仕入となります。

また、所有権移転外ファイナンス・リース取引は原則として売買取引とされますが、リース料の支払いのつど賃借料として処理を行うことも認められています。なお、リース取引の契約においてリース料のうち利子に相当する部分とそれ以外の部分に区分表示されている場合には、利子に相当する部分は非課税となるので、その部分は課税仕入とはなりません。

【地代家賃・賃借料の判定例】

取引の内容	課税区分	用途区分
本社ビルの賃借料	課税仕入	共通対応
課税商品の保管倉庫の賃借料	課税仕入	課税対応
借上社宅の支払家賃、共益費（賃借期間が１か月以上のもの）	非課税仕入	－
ウィークリーマンションの賃借料	課税仕入	共通対応

本社で使用する複合機のリース料の支払い（引渡し時に一括控除する場合）	引渡時に課税仕入	共通対応
本社で使用する複合機のリース料の支払い（支払いのつど賃借料処理する場合）	支払時に課税仕入	共通対応
実質的に金銭の貸付とされるリース取引（元本返済部分）	課税対象外	－
実質的に金銭の貸付とされるリース取引（利息相当額）	非課税仕入	－

(11) 接待交際費

接待飲食費やゴルフプレー代などは課税仕入となりますが、ゴルフ場利用税は課税仕入とはなりません。

また、中元や歳暮など贈答用の課税物品を購入した場合には課税仕入となりますが、商品券やビール券などは非課税仕入となります。

交際費は接待や贈答を行う相手や目的によって用途区分をすることが認められていますので、たとえば、得意先に課税商品を販売する目的で接待を行った場合には、課税売上対応の課税仕入に区分されます。

なお、税抜経理方式の場合には控除対象外消費税が生じる可能性があるので、法人税の課税所得の計算上は注意が必要です。

【接待交際費の判定例】

取引の内容	課税区分	用途区分
接待飲食費（課税商品の取引先）	課税仕入	課税対応
ゴルフプレー代（課税商品の取引先）	課税仕入	課税対応
ゴルフ場利用税	課税対象外	－
中元・歳暮の贈答（課税商品の取引先）	課税仕入	課税対応
商品券の贈答	非課税仕入	－
祝金、見舞金、香典等（現金によるもの）	課税対象外	－
パーティー券の購入	課税対象外	－
使途不明金、渡切交際費	課税対象外	－

（12）その他の経費

①支払手数料

税理士や弁護士の顧問報酬は課税仕入となりますが、司法書士の報酬に含まれている登録免許税や印紙税などの立替金は課税仕入とはなりません。

また、銀行等に支払う手数料のうち、海外送金にかかるものや、外貨への両替に際し支払う両替手数料や為替手数料は非課税仕入となります。

なお、クレジットカード加盟店がクレジットカード会社に支払うクレジット手数料は、売掛債権を売却することにより発生する債権売却損ですので、非課税仕入となります。

②諸会費

同業者団体、組合等に支払う会費、組合費等は、その同業者団体、組合等がその構成員に対して行う役務の提供等の間に明白な対価関係があるかどうかによって資産の譲渡等の対価であるかどうかを判定します。

たとえば、同業者団体等が、通常の業務運営のため経常的に要する費用をその構成員に分担させてその団体の存立を図る、いわゆる通常会費は課税の対象とはなりません。

ただし、名目が会費等とされていても、それが実質的に出版物の購読料、映画・演劇等の入場料、職員研修の受講料または施設の利用料等と認められる場合には、その会費等は課税仕入となります。

なお、判定が困難な会費、組合費等について、課税の対象に該当しないものとする場合には、同業者団体、組合等は、その旨をその構成員に通知するものとされています。

③寄付金

金銭による寄付は課税対象外取引ですが、課税資産を購入し、その現物を寄付したような場合には、その課税資産の購入が課税仕入となります。

④売上割引

売掛金を支払期日前に回収したことにより得意先に支払う売上割引は、会計上は利子的な性格を持つものとして財務活動支出として扱われていますが、消費税においては売上対価の調整項目（売上にかかる対価の返還等）として取り扱います。なお、この税込価額が1万円未満である場合には、返還インボイス（119ページ参照）を交付する必要はありません。

【その他の経費の判定例】

取引の内容	課税区分	用途区分
税理士、弁護士の顧問報酬	課税仕入	共通対応
司法書士の印紙税等の立替金	課税対象外	−
海外への送金手数料、為替手数料	非課税仕入	−
加盟店が信販会社に支払うクレジット手数料	非課税仕入	−
同業者団体の通常会費	課税対象外	−
クレジットカードの年会費	課税仕入	共通対応
研修会費、セミナー会費	課税仕入	共通対応
金銭による寄付	課税対象外	−
課税資産を購入し、現物を寄付	課税仕入	共通対応
キャンセル料、解約損害金の支払い	課税対象外	−
解約事務手数料、払戻手数料の支払い	課税仕入	共通対応
現金過不足	課税対象外	−
売上割引（課税売上にかかるもの）	売上にかかる 対価の返還等	−

4 売り手が負担する振込手数料 ★★
費用処理か売上値引処理かによって対応が異なる

買い手からの売上代金の入金に際し、振込手数料相当額が差し引かれて入金されることがあります。この振込手数料相当額について、売り手は、「(1) 売上値引として処理する」、「(2) 支払手数料として処理する」のいずれかの処理を行うことになると考えられます。

(1) 売上値引として処理する場合

差し引かれた振込手数料について、売り手が売上値引として処理する場合には、返還インボイスを買い手に交付しなければなりません。販売した商品等が軽減税率適用のものである場合には、売上値引にも軽減税率が適用されます。なお、この対価の返還等にかかる税込価額が1万円未満である場合には、返還インボイスを交付する必要はありません。

【「売上値引」として処理する場合の事例】

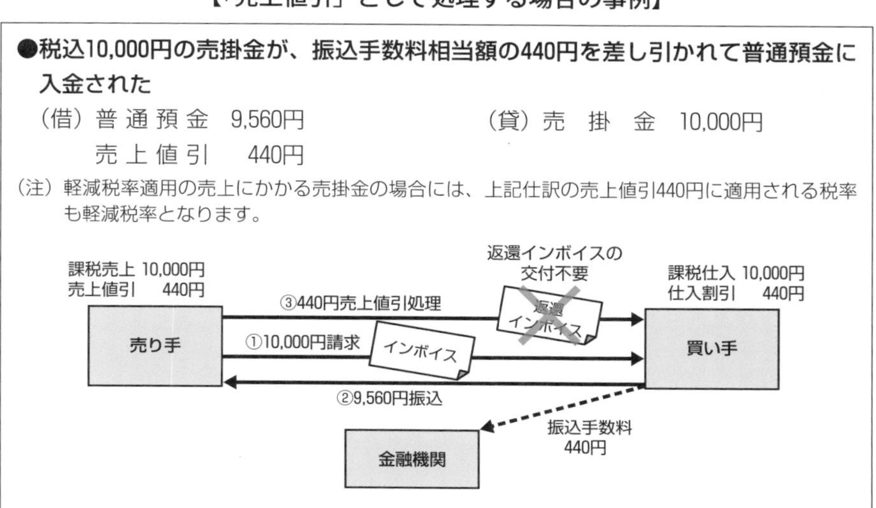
●税込10,000円の売掛金が、振込手数料相当額の440円を差し引かれて普通預金に入金された

(借) 普通預金	9,560円	(貸) 売掛金	10,000円
売上値引	440円		

(注) 軽減税率適用の売上にかかる売掛金の場合には、上記仕訳の売上値引440円に適用される税率も軽減税率となります。

出所：国税庁「消費税の仕入税額控除制度における適格請求書等保存方式に関するQ&A」問29より作成

（2）支払手数料として処理する場合

差し引かれた振込手数料について、売り手が「支払手数料」などの勘定科目で費用として処理した場合には、売り手は買い手に対してインボイスの交付を要求し、仕入税額控除を適用することになります。

この場合、本則課税による仕入税額控除の手続きには、①買い手が交付するインボイスを保存する、②買い手の立替金精算書と金融機関が発行したインボイスの交付を受けて保存する、③インボイスとなる仕入明細書を作成し、買い手の確認を受けて保存する、④買い手が金融機関のATMを利用して送金した旨を帳簿に記載する（自動販売機特例によりインボイスの保存は不要）、という４つの方法があります。

【「支払手数料」として処理する場合の事例】

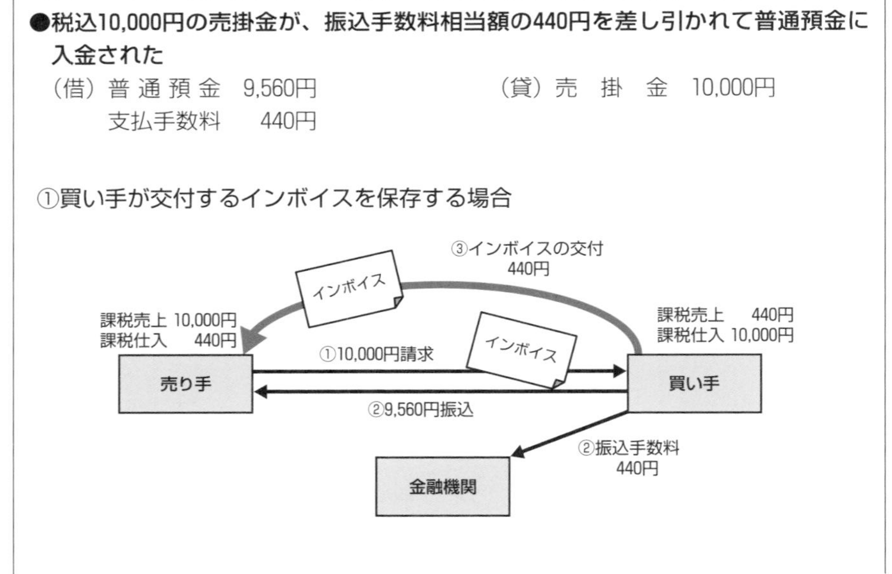

②買い手の立替金精算書と金融機関が発行したインボイスの交付を受けて保存する場合

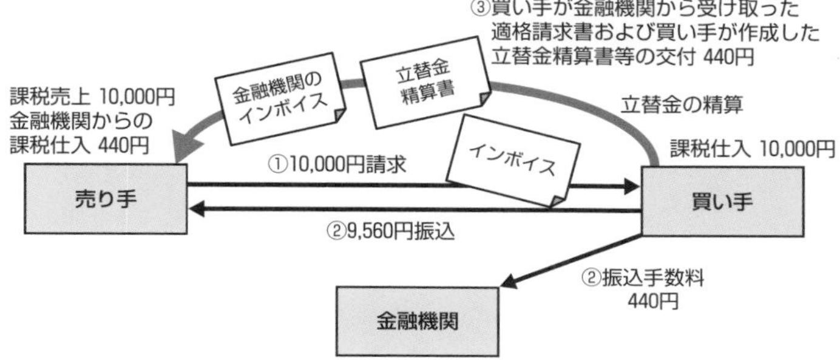

③インボイスとなる仕入明細書を作成し、買い手の確認を受けて保存する場合

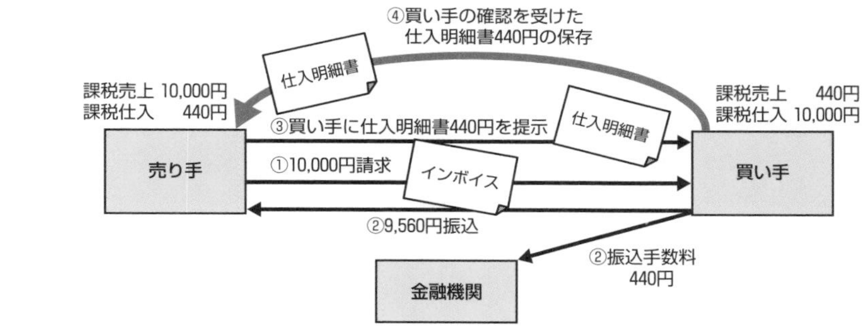

出所：国税庁「消費税の仕入税額控除制度における適格請求書等保存方式に関するQ&A」問29より作成

5

源泉徴収税額との関係 ★

報酬・料金等の源泉徴収は消費税込の金額が原則

個人に対して原稿料や講演料を支払う場合、弁護士や税理士等に報酬・料金等を支払う場合は、所得税および復興特別所得税を源泉徴収しなければなりません。この報酬・料金等の源泉徴収の対象となる金額は、原則として消費税および地方消費税の額を含んだ金額とされています。ただし、請求書等において報酬・料金等の額（本体価格）と消費税および地方消費税の額が明確に区分されている場合には、その報酬・料金等の額のみを源泉徴収の対象とする金額とすることも認められています。

なお、インボイス発行事業者以外の個人事業者が発行する請求書等においても、報酬・料金等の額と消費税等の額が明確に区分されている場合には、その報酬・料金等の額のみを源泉徴収の対象とする金額として差し支えありません。

【消費税等の額が区分されていない場合】

税理士報酬　550,000円（税込）
源泉徴収の対象となる金額　550,000円
源泉徴収税額　550,000円×10.21%
＝56,155円

請求書	
①税理士報酬 （消費税等の額を含む）	550,000円
②源泉徴収税額 （①×10.21%）	△56,155円
差引請求額 （①−②）	493,845円

【消費税等の額が区分されている場合】

税理士報酬　500,000円
消費税等の額　50,000円
源泉徴収の対象となる金額　500,000円
源泉徴収税額　500,000円×10.21%
＝51,050円

請求書	
①税理士報酬	500,000円
②消費税等の額	50,000円
③源泉徴収税額 （①×10.21%）	△51,050円
差引請求額 （①＋②−③）	498,950円

6 印紙税との関係 ★

消費税額を記載金額に含めない課税文書がある

印紙税法別表第一の課税物件表の課税物件欄に掲げる文書のうち、次の表に掲げる文書に「消費税額等が区分記載されている場合」または「税込価格および税抜価格が記載されていることにより、その取引にあたって課される消費税額等が明らかである場合」には、消費税額等は記載金額に含めないこととしています。

ただし、免税事業者については、その取引に課されるべき消費税等はありませんから、たとえ受取書等に「消費税および地方消費税」として具体的金額を区分記載したとしても、これに相当する金額は記載金額に含めることになります。

【区分記載された消費税額等を記載金額に含めない課税物件】

- ●第1号文書（不動産の譲渡等に関する契約書）
- ●第2号文書（請負に関する契約書）
- ●第17号文書（金銭または有価証券の受取書）

この「消費税額等が区分記載されている」とは、その取引にあたって課される消費税額等が具体的に記載されていることをいい、たとえば次のような記載方法が該当します。

- ●請負金額1,100万円　税抜価格1,000万円　消費税額等100万円
- ●請負金額1,100万円　うち消費税額等100万円
- ●請負金額1,000万円　消費税額等100万円　計1,100万円

ただし、たとえば「請負金額1,100万円（消費税額等10％を含む）」という記載は、消費税額等が必ずしも明らかであるとはいえませんので、記載金額は1,100万円となります。

また、「税込価格および税抜価格が記載されていることにより、その取引にあたって課される消費税額等が明らかである」とは、その取引にかかる消費税額等を含む金額と消費税額等を含まない金額の両方を具体的に記載していることにより、その取引にあたって課される消費税額等が容易に計算できることをいい、たとえば次のような記載が該当します。

●請負金額1,100万円　税抜価格1,000万円

7 電子帳簿保存法への対応 ★

電子取引データは電子保存が必要になった

「電子計算機を使用して作成する国税関係帳簿書類の保存方法等の特例に関する法律（通称：電子帳簿保存法）」が改正され、令和６年１月１日より電子インボイス等の電子取引データの電子保存が義務化されました。

電子帳簿等保存制度には、次の３つのカテゴリーがあります。

【電子帳簿等保存制度の３つのカテゴリー】

国税関係帳簿書類の電子保存制度（任意）	自己が一貫してパソコン等で作成した帳簿（仕訳帳、総勘定元帳など）・書類（貸借対照表、損益計算書などの決算関係書類や、紙で渡す請求書、領収書などの控え）は、一定の要件を満たす場合には、プリントアウトせずにデータのまま保存することができる
スキャナ保存制度（任意）	決算関係書類を除く国税関係書類（取引先から受領した紙の領収書・請求書等）は、一定の要件を満たす場合には、その書類自体を保存する代わりに、スマホやスキャナで読み取った電子データを保存することができる
電子取引データの電子保存制度（義務）	所得税や法人税に関して帳簿・書類の保存義務がある者は、注文書・契約書・送り状・領収書・見積書・請求書などに相当する電子データをやりとりした場合には、その電子データ（電子取引データ）を所定の要件に従って、データ保存しなければならない

ここがポイント！

- 電子取引データの電子保存は、令和６年１月からすべての事業者に義務付けられている

（１）国税関係帳簿書類の電子保存

令和３年度の改正により国税関係帳簿・書類の電子データによる保存の要件が大幅に緩和され、電子的に作成した国税関係帳簿を電子データによ

り保存する場合には、事前に税務署長の承認が必要でしたが、事務負担軽減のため、事前承認は不要となりました。市販の会計ソフトを使用し、ディスプレイやシステムの説明書等を備え付けることや、税務職員からのデータのダウンロードの求めに応じることができる等の要件を満たしている場合には、紙による保存等に代えて、電子データ等による保存等を行うことが認められます。

なお、一定の国税関係帳簿について「**優良な電子帳簿**」の要件（注）を満たして電子データによる備付けおよび保存を行い、この措置の適用を受ける旨等を記載した届出書をあらかじめ所轄税務署長に提出している事業者について、その国税関係帳簿（優良な電子帳簿）に記録された事項に関し申告漏れがあった場合には、その申告漏れに課される過少申告加算税が５％軽減される措置が整備されています。また、個人事業主の場合は、65万円の青色申告特別控除を受ける要件を満たすことができます。

（注）たとえば、記録事項の訂正・削除を行った場合には、これらの事実および内容を確認できることや、取引年月日、取引金額、取引先を検索項目として検索できるなどの要件を満たす必要があります。

（２）スキャナ保存

スキャナ保存とは、取引先から受け取った紙の請求書や領収書、自己が作成して取引先に紙で渡す請求書などの写しについては、その書類自体を保存する代わりに一定の要件のもとスキャンした電子データの保存を認める制度です。

スキャナ保存を始めるための特別な手続きは、原則として必要ないので、任意のタイミングで始められます。ただし、スキャナ保存を始めた日より前に作成・受領した重要書類をスキャナ保存する場合は、あらかじめ税務署に届出書を提出する必要があります。

スキャナ保存の要件は、一定の入力期間内に入力すること、解像度200dpi相当以上で読み取ること、カラー画像で読み取ること、タイムスタンプ（注）の付与、帳簿との相互関連性の確保、検索機能の確保など多岐にわたります。また、資金やモノの流れに直結・連動する「重要書類」（たとえば請求書、領収書、納品書、契約書など）と、資金やモノの流れに直結・連動しない「一般書類」（たとえば見積書、注文書など）とで要件が異なります。これらは複雑ですので、保存要件を満たす専用のソフトを利用するのがよいでしょう。

（注）タイムスタンプとは、物理的なスタンプではなく、あらかじめユーザーと契約した時刻認証局が、ユーザーの電子文書に付与するもので、付与された時刻にデータが存在していたことおよび付与された時刻以降にデータが変更されていないことを証明するものです。

（3）電子取引データの電子保存

令和6年1月より、すべての事業者において対応が必要なのは電子取引データの電子保存です。たとえば、電子メールに添付され受領した電子データの請求書や、インターネットのショッピングサイトで購入した備品についてそのサイト上で表示される領収書など、これらの電子取引データは印刷して紙媒体で保存することができなくなりました。今後は電子インボイスなどの交付が増加すると予測されますので早急な対応が必要です。

電子取引データの電子保存は、原則として①真実性の確保、②関連書類の備付け、③見読性の確保、④検索機能の確保、の４つの要件を満たす必要があります。

①真実性の確保

次のいずれかの措置をとる必要があります。

（ⅰ）タイムスタンプが付与された電子取引データを受領する

（ⅱ）電子取引データの受領後、速やかにタイムスタンプを付与する

（ⅲ）訂正や削除の事実・内容を確認できるシステム、または訂正や削除ができないシステムで電子取引データの受領および保存を行う

（ⅳ）訂正や削除の防止に関する事務処理規定を定め、それに沿った運用を行う

②関連書類の備付け

電子取引データの保存等に併せて、システム概要書の備付けを行うことが求められます。

③見読性の確保

電子取引データの保存等をする場所に、電子計算機、プログラム、ディスプレイおよびプリンタ並びにこれらの操作説明書を備え付け、その電子取引データをディスプレイの画面および書面に、整然とした形式および明瞭な状態で、速やかに出力できるようにしておくことが求められます。

④検索機能の確保

電子取引データについて、次の要件を満たす検索機能を確保しておくことが求められます。

（ⅰ）取引年月日その他の日付、取引金額および取引先を検索条件として設定できること

（ⅱ）日付または金額にかかる記録項目については、その範囲を指定して条件を設定することができること

（ⅲ）２つ以上の任意の記録項目を組み合わせて条件を設定できること

なお、所得税法などの国税に関する法律の規定による電子取引データの提示または提出の要求に応じることができるようにしているときは、（ⅱ）および（ⅲ）の要件が不要となります。また、電子取引データの提示または提出の要求に応じることができるようにしている場合で、かつ、その判定期間にかかる基準期間における売上高が5,000万円以下の事業者であるとき、または国税に関する法律の規定による電子取引データの出力書面（整然かつ明瞭な状態で出力され、取引年月日等の日付および取引先ごとに整理されたものに限る）の提示または提出の要求に応じることができるようにしているときは、検索機能のすべてが不要となります。

さらに、令和６年１月１日以後にやりとりする電子取引データについて新たな猶予措置が整備され、次の（イ）（ロ）の要件をいずれも満たしている場合には、真実性の確保や検索機能など保存時に必要な要件を満たす

対応は不要となり、電子取引データを単に保存するだけで済むようになりました。つまり、電子メールに添付されている電子データの請求書などは、受信したそのままの状態で保存してもかまわないと解されますが、データの種類によっては最長10年間の保存に耐えうる状態で保存しておくことが望ましいでしょう。たとえば、電子データをパソコン内だけに保存するのではなく、クラウド上やDVDディスク、USBメモリーなどの外部媒体にもバックアップデータとして保存し、取引年月ごと、かつ、取引先ごとに整理しておくことを推奨します。

（イ）保存時に必要な要件に従って電子取引データを保存することができなかったことについて、所轄税務署長が相当の理由[(注)]があると認める場合（事前申請等は不要）

（ロ）税務調査等の際に、電子取引データの「ダウンロードの求め」およびその電子取引データをプリントアウトした書面の提示・提出の求めに応じることができるようにしている場合

(注)「相当の理由」とは、たとえば、その電子取引データの保存は可能であるものの、保存時に満たすべき要件に従って保存するためのシステム等や社内のワークフローの整備が間に合わない等といった自己の責めに帰さないとは言い難いような事情も含め、要件に従って電子取引データの保存を行うための環境が整っていない事情がある場合については、この猶予措置における「相当の理由」があると認められます。

この結果、電子取引データの電子保存については対応が必要ではあるものの、保存のためのハードルはかなり下がったといえるでしょう。

コラム

税抜経理方式を適用する場合の免税事業者等からの仕入について

（1）本則課税により計算する場合

インボイス発行事業者以外の課税事業者や免税事業者からの課税仕入のように、インボイスに基づいた金額がない課税仕入には、その課税仕入にかかる仮払消費税等の額はありません。そのため、仮に税抜経理方式で仮払消費税等として経理処理した金額があっても、その金額は取引の対価の額に算入して法人税の所得金額の計算を行います。

ただし、123ページで説明したとおり、令和５年10月１日から令和11年９月30日までの６年間は、経過措置により一定割合で控除が認められる金額を仮払消費税等の額として経理することができます。

なお、経過措置期間中に控除可能な消費税等の額を仮払消費税等として経理しなかったときは、仮払消費税等の額はないものとして法人税の所得計算を行うことも認められます。

〈例〉令和５年10月１日に免税事業者から11,000円の文房具を購入した場合

・控除が認められる金額を仮払消費税等とする場合

（借）	事務用品費	10,200円	（貸）現　　金	11,000円
（借）	仮払消費税等	800円（注）		

（注）11,000円×10／110×80％＝800円

・控除が認められる金額を仮払消費税等として経理しなかった場合

（借）	事務用品費	11,000円	（貸）現　　金	11,000円

（2）簡易課税または２割特例により計算する場合

簡易課税または２割特例の適用を受ける事業者が税抜経理方式により処理を行う場合には、（1）と同様の処理が認められるほか、継続適用を条件として、課税仕入にかかる支払対価の額の110分の10（軽減税率対象資産は108分の８）を乗じて算出した金額を仮払消費税等の額とできる特例があります。したがって、この特例を適用すれば令和11年10月１日以後も、インボイス発行事業者以外の者からの課税仕入であっても仮払消費税等の額を取引対価の額に算入する必要はなく、取引相手がインボイス発行事業者であるか否かを確認する必要はありません。

第7章

2割特例で確定申告書を書いてみよう

1

確定申告書の記載例　★★★

2割特例を適用して、個人事業者の確定申告書を書いてみよう

（1）2割特例を適用できる個人事業者の事例

本書をご覧になっている方は、インボイス制度導入によってインボイス発行事業者となったため、消費税の確定申告が必要になった事業者の方が多いと思います。そこで、このような方のうち「個人事業者」を対象に2割特例による確定申告書の記載事例を用意したので、申告書作成にあたって参考にしていただければと思います。

【用意するもの】

- 「消費税及び地方消費税の確定申告書　第一表」（注１）
- 「消費税及び地方消費税の確定申告書　第二表」
- 「付表６　税率別消費税額計算表【簡易版】」（注２）
- 「勘定科目別事業区分残高一覧表」（注３）

（注１）　本則課税を選択している場合には「一般用」を、簡易課税制度を選択している場合には「簡易課税用」を使用します。本事例では簡易課税を選択しているので「簡易課税用」を使用します。

（注２）　本事例では貸倒れにかかる消費税額等がないので、簡易版の付表６により計算を行います。貸倒れ等がある場合には、通常版の付表６を使用することになります。この場合、本事例と計算方法が異なるところがあるのでご注意ください。

（注３）　この一覧表は確定申告書の記入を容易に進めるために作成するものであり、税務署に提出するものではありません。したがって、集計しやすいような任意の書式で作成していただいてかまいません。

ここがポイント！

- 本設例で登場する大阪一郎さんは、経営コンサルタントで、簡易課税では第五種事業のサービス業（みなし仕入率50%）に該当する

●設例

大阪一郎さんは経営コンサルタントとして事業を営む個人事業者です。免税事業者であった期間も、消費税相当額を上乗せして請求し、受領していました。

- 令和５年分の所得は、経営コンサルタントの報酬にかかる事業所得のみであり、すべて標準税率が適用される課税取引です。
- いままでは消費税の免税事業者で、基準期間となる令和３年分の課税売上高は8,690,000円（税込）で、令和４年の１月１日から６月30日までの課税売上高は4,290,000円（税込）でした。
- 納税義務の免除の特例の適用はないものとします。
- 令和５年10月１日にインボイス発行事業者として登録を受けました。
- 令和５年中に「消費税簡易課税制度選択届出書」の提出をしており、届出書の提出日の属する課税期間から適用を受ける旨を記載しています。
- 税込経理方式で記帳しており、課税期間の短縮はしていません。
- 令和５年中の課税売上の状況は次のとおりです。
  - ・クライアントＡ社に対する経営効率化サービスが７月31日に完了し、報酬6,135,000円（税込）を請求しました。
  - ・クライアントＢ社の顧問報酬は１月分から９月分の合計が990,000円（税込）、10月分から12月分の合計が330,000円（税込）でした。
  - ・クライアントＣ社から依頼された市場調査が12月20日に完了し、報酬2,045,000円（税込）を請求しました。
  - ・12月25日にクライアントＣ社に対して30,000円（税込）の売上値引を行いました。

【勘定科目別事業区分残高一覧表】

●標準税率適用分　　（税込金額・単位：円）

	課税売上高	売上値引	雑収入	資産売却額	年間合計
第一種事業					
第二種事業					
第三種事業					
第四種事業					
第五種事業	2,375,000	△30,000			2,345,000
第六種事業					
R5.9.30以前のもの	7,125,000				7,125,000
年間合計	9,500,000	△30,000			9,470,000

（2）計算方法の検討

簡易課税を適用した場合は、経営コンサルタントはサービス業で第五種事業に該当し、みなし仕入率は50％となります（86ページ参照）。

一方で、２割特例の適用要件を確認すると、まず基準期間である令和３年分の課税売上高が1,000万円以下であり、かつ、特定期間の課税売上高も1,000万円以下であるため、適用が可能です。２割特例の適用による特別控除割合は80％となるので、簡易課税で50％のみなし仕入率を適用するより２割特例のほうが有利です。

（3）「付表６　税率別消費税額計算表【簡易版】」を作成する

ここでは、国税庁ホームページの「２割特例用　消費税及び地方消費税の確定申告の手引き（個人事業者・法人共通）」に沿って説明します。なお、消費税額を計算する際に必要となる課税売上高と課税標準額については、第４章１項をご参照ください。

（ⅰ）最上部の「課税期間」欄には「令和５・１・１～令和５・12・31」と記入します。

（ⅱ）「step1 課税売上げの計算」の「課税売上げ（税込）」の網掛け部分の「税率7.8％適用分」のＢ欄に「2,375,000」と記入します。登録を受けてからの期間（10月１日から12月31日まで）について計算するのでこの金額になります。なお、「税率7.8％適用分」というのは「標準税率適用分」ということです。

（ⅲ）すぐ下の「課税資産の譲渡等の対価の額①」のＢ欄に、2,375,000×100／110の計算を行い「2,159,090」と記入します。本事例ではＡ欄は空欄になるため、その右のＣ欄にも「2,159,090」と記入します。

（ⅳ）「step2 課税標準額を計算」の「課税標準額②」のＢ欄に、千円未満を切り捨てた「2,159,000」と記入します。本事例ではＡ欄は空欄になるため、その右のＣ欄にも「2,159,000」と記入します。

（ⅴ）「step3 消費税額を計算」の「課税標準額に対する消費税額③」のＢ欄に、2,159,000×7.8％の計算を行い「168,402」と記入します。本事例

【「付表6」の記載例】

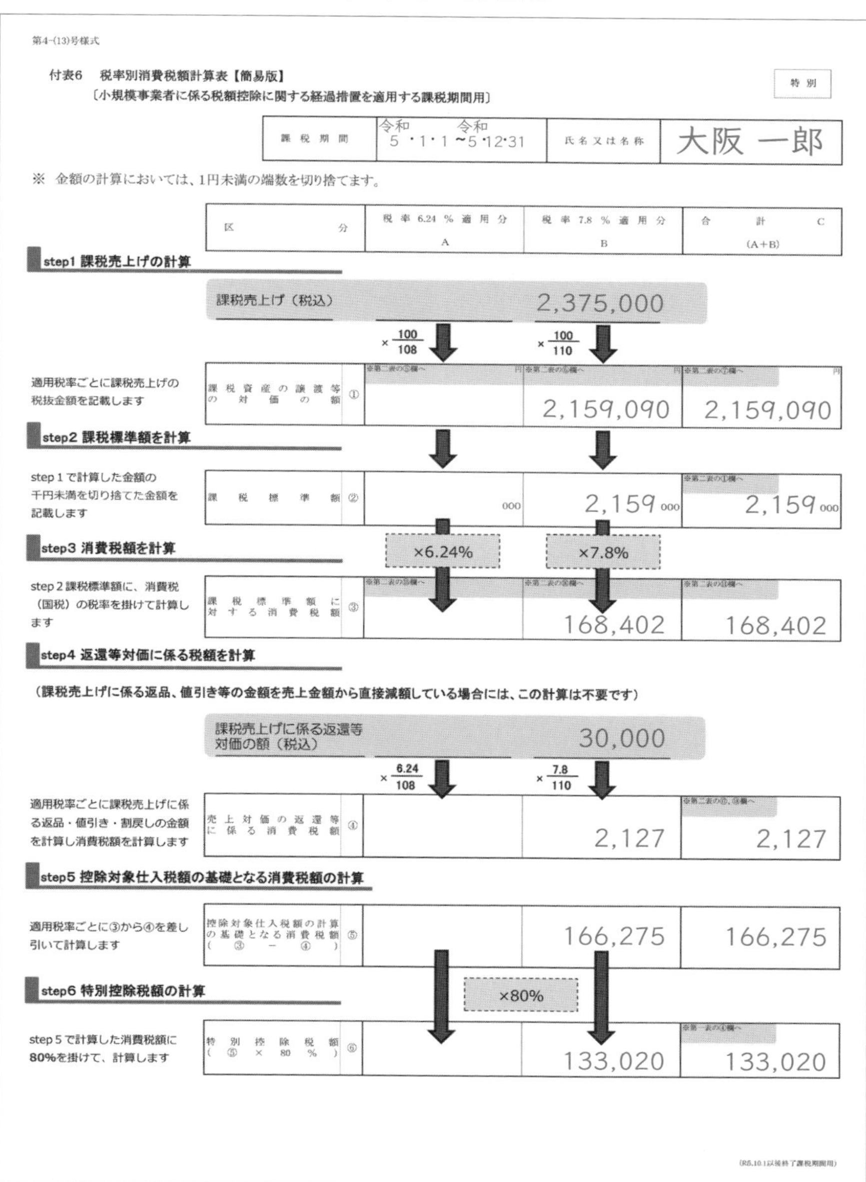

第4-(13)号様式

付表6　税率別消費税額計算表【簡易版】
〔小規模事業者に係る税額控除に関する経過措置を適用する課税期間用〕

特別

課税期間	令和 5・1・1 ～ 令和 5・12・31	氏名又は名称	大阪 一郎

※ 金額の計算においては、1円未満の端数を切り捨てます。

区分		税率 6.24 % 適用分 A	税率 7.8 % 適用分 B	合計 C (A+B)

step1 課税売上げの計算

課税売上げ（税込）　2,375,000

× 100/108　　× 100/110

適用税率ごとに課税売上げの税抜金額を記載します

課税資産の譲渡等の対価の額	①	※第二表の⑤欄へ 円	※第二表の⑥欄へ 円 2,159,090	※第二表の⑦欄へ 円 2,159,090

step2 課税標準額を計算

step 1で計算した金額の千円未満を切り捨てた金額を記載します

課税標準額	②	000	2,159 000	※第二表の①欄へ 2,159 000

step3 消費税額を計算

×6.24%　　×7.8%

step 2 課税標準額に、消費税（国税）の税率を掛けて計算します

課税標準額に対する消費税額	③		168,402	168,402

step4 返還等対価に係る税額を計算

（課税売上げに係る返品、値引き等の金額を売上金額から直接減額している場合には、この計算は不要です）

課税売上げに係る返還等対価の額（税込）　30,000

× 6.24/108　　× 7.8/110

適用税率ごとに課税売上げに係る返品・値引き・割戻しの金額を計算し消費税額を計算します

売上対価の返還等に係る消費税額	④		2,127	2,127

step5 控除対象仕入税額の基礎となる消費税額の計算

適用税率ごとに③から④を差し引いて計算します

控除対象仕入税額の計算の基礎となる消費税額 (③ − ④)	⑤		166,275	166,275

step6 特別控除税額の計算

×80%

step 5で計算した消費税額に**80%**を掛けて、計算します

特別控除税額 (⑤ × 80 %)	⑥		133,020	※第一表の④欄へ 133,020

(R5.10.1以後終了課税期間用)

出所：国税庁「2割特例用　消費税及び地方消費税の確定申告の手引き（個人事業者・法人共通）」

では A 欄は空欄になるため、その右の C 欄にも「168,402」と記入します。

（vi）「step4 返還等対価に係る税額を計算」の「課税売上げに係る返還等対価の額（税込）」の網掛け部分の B 欄に「30,000」と記入します。

（vii）すぐ下の「売上対価の返還等に係る消費税額④」の B 欄に、30,000×7.8／110の計算を行い「2,127」と記入します。本事例では A 欄は空欄になるため、その右の C 欄にも「2,127」と記入します。

（viii）「step5 控除対象仕入税額の基礎となる消費税額の計算」の「控除対象仕入税額の計算の基礎となる消費税額⑤」の B 欄に、③－④の計算を行い「166,275」と記入します。本事例では A 欄は空欄になるため、その右の C 欄にも「166,275」と記入します。

（ix）「step6 特別控除税額の計算」の「特別控除税額⑥」の B 欄に、⑤×80％の計算を行い「133,020」と記入します。本事例では A 欄は空欄になるため、その右の C 欄にも「133,020」と記入します。

（４）「消費税及び地方消費税の確定申告書　第二表」を作成する

（ｉ）「自令和　年　月　日　至令和　年　月　日　課税期間分の消費税及び地方消費税の（　　　）申告書」には、「自令和５年１月１日　至令和５年12月31日　課税期間分の消費税及び地方消費税の（**確定**）申告書」と記入します。

（ii）「課税標準額①」には、付表６②C 欄の「2,159,000」を転記します。

（iii）「課税資産の譲渡等の対価の額の合計額」の「7.8％適用分⑥」には、付表６①B 欄の「2,159,090」を転記します。また、「（②～⑥の合計）⑦」には、付表６①C 欄の「2,159,090」を転記します。

（iv）「消費税額⑪」には、付表６③C 欄の「168,402」を転記します。また、「⑪の内訳」の「7.8％適用分⑯」には、付表６③B 欄の「168,402」を転記します。

（ｖ）「返還等対価に係る税額⑰」および「⑰の内訳　売上げの返還等対価に係る税額⑱」には、それぞれ付表６④C 欄の「2,127」を転記します。

（vi）「地方消費税の課税標準となる消費税額」の「6.24％及び7.8％適用分㉓」および「（㉑～㉓の合計）⑳」には、⑪欄168,402円－付表６⑥C 欄

【「消費税及び地方消費税の確定申告書　第二表」の記載例】

GK0602

第3－(2)号様式

課税標準額等の内訳書

OCR入力用（この用紙は機械で読み取ります。折ったり汚したりしないでください。）

納税地	大阪市中央区大手前〇－〇（電話番号 06 -XXXX-XXXX）
(フリガナ) 屋号	
(フリガナ) 氏名	オオサカ イチロウ 大阪 一郎

整理番号

個人事業者用

改正法附則による税額の特例計算			
軽減売上割合(10営業日)	〇	附則38①	51
小売等軽減仕入割合	〇	附則38②	52

第二表　令和四年四月一日以後終了課税期間分

自 令和 5年 1月 1日
至 令和 5年 12月 31日

課税期間分の消費税及び地方消費税の（ 確定 ）申告書

中間申告の場合の対象期間　自 令和 年 月 日　至 令和 年 月 日

項目		番号	金額（十兆千百十億千百十万千百十一円）	
課税標準額 ※申告書(第一表)の①欄へ		①	2159000	01
課税資産の譲渡等の対価の額の合計額	3％適用分	②		02
	4％適用分	③		03
	6.3％適用分	④		04
	6.24％適用分	⑤		05
	7.8％適用分	⑥	2159090	06
	（②～⑥の合計）	⑦	2159090	07
特定課税仕入れに係る支払対価の額の合計額（注1）	6.3％適用分	⑧		11
	7.8％適用分	⑨		12
	（⑧・⑨の合計）	⑩		13
消費税額 ※申告書(第一表)の②欄へ		⑪	168402	21
⑪の内訳	3％適用分	⑫		22
	4％適用分	⑬		23
	6.3％適用分	⑭		24
	6.24％適用分	⑮		25
	7.8％適用分	⑯	168402	26
返還等対価に係る税額 ※申告書(第一表)の⑤欄へ		⑰	2127	31
⑰の内訳	売上げの返還等対価に係る税額	⑱	2127	32
	特定課税仕入れの返還等対価に係る税額（注1）	⑲		33
地方消費税の課税標準となる消費税額（注2）	（㉑～㉓の合計）	⑳	33200	41
	4％適用分	㉑		42
	6.3％適用分	㉒		43
	6.24％及び7.8％適用分	㉓	33200	44

（注1）⑧～⑩及び⑲欄は、一般課税により申告する場合で、課税売上割合が95％未満、かつ、特定課税仕入れがある事業者のみ記載します。
（注2）⑳～㉓欄が還付税額となる場合はマイナス「－」を付してください。

133,020円－⑰欄2,127円の計算を行い、百円未満切り捨て後の「33,200」をそれぞれ記入します。

（5）「消費税及び地方消費税の確定申告書　第一表」を作成する

（i）「課税標準額①」には、第二表①欄の「2,159,000」を転記します。

（ii）「消費税額②」には、第二表⑪欄の「168,402」を転記します。

（iii）「控除対象仕入税額④」には、付表6⑥C欄の「133,020」を転記します。

（iv）「返還等対価に係る税額⑤」には、第二表⑰欄の「2,127」を転記します。

（v）「控除税額小計⑦」には、④、⑤、⑥の合計額を記入します。本事例では「135,147」を記入します。

（vi）「差引税額⑨」には、②＋③－⑦の金額（百円未満切り捨て）を記入します。本事例では「33,200」を記入します。

（vii）「中間納付税額⑩」には、中間納付税額がある場合に記入します。本事例の場合はないので記入は不要です。

（viii）「納付税額⑪」には、⑨－⑩の金額を記入します。本事例では「33,200」を記入します。

（ix）「この課税期間の課税売上高⑮」は2割特例を適用する場合は記載不要です。

（x）「基準期間の課税売上高⑯」には、基準期間である令和3年分の課税売上高である「8,690,000」を記入します。令和3年は免税事業者であったため、税抜にせずそのままの金額を記入します。

（xi）「地方消費税の課税標準となる消費税額」の「差引税額⑱」には、第二表⑳欄の「33,200」を転記します。

（xii）「譲渡割額」の「納税額⑳」には、⑱欄の金額に22／78を乗じた金額（百円未満切り捨て）を記入します。本事例の場合、「9,300」と記入します。

（xiii）「中間納付譲渡割額㉑」には、中間納付税額がある場合に記入します。本事例の場合はないので記入は不要です。

【「消費税及び地方消費税の確定申告書　第一表」の記載例】

GK0407

第3－(3)号様式

個人事業者用 第一表 令和五年十月一日以後終了課税期間分（簡易課税用）

令和　年　月　日　　税務署長殿

納税地	大阪市中央区大手前〇－〇（電話番号 06 -XXXX-XXXX）
(フリガナ) 屋号	
個人番号	XXXXXXXXXXXX
(フリガナ)	オオサカ　イチロウ
氏名	大阪　一郎

自 令和 5年 1月 1日
至 令和 5年 12月 31日

課税期間分の消費税及び地方消費税の（確定）申告書

この申告書による消費税の税額の計算

課税標準額	①	2159000	03
消費税額	②	168402	06
貸倒回収に係る消費税額	③		07
控除税額 控除対象仕入税額	④	133020	08
控除税額 返還等対価に係る税額	⑤	2127	09
控除税額 貸倒れに係る税額	⑥		10
控除税額 控除税額小計（④+⑤+⑥）	⑦	135147	
控除不足還付税額（⑦－②－③）	⑧		13
差引税額（②+③－⑦）	⑨	33200	15
中間納付税額	⑩	00	16
納付税額（⑨－⑩）	⑪	33200	17
中間納付還付税額（⑩－⑨）	⑫	00	18
この申告書が修正申告である場合 既確定税額	⑬		19
この申告書が修正申告である場合 差引納付税額	⑭	00	20
この課税期間の課税売上高	⑮		21
基準期間の課税売上高	⑯	8690000	

この申告書による地方消費税の税額の計算

地方消費税の課税標準となる消費税額 控除不足還付税額	⑰		51
地方消費税の課税標準となる消費税額 差引税額	⑱	33200	52
譲渡割額 還付額	⑲		53
譲渡割額 納税額	⑳	9300	54
中間納付譲渡割額	㉑	00	55
納付譲渡割額（⑳－㉑）	㉒	9300	56
中間納付還付譲渡割額（㉑－⑳）	㉓	00	57
この申告書が修正申告である場合 既確定譲渡割額	㉔		58
この申告書が修正申告である場合 差引納付譲渡割額	㉕	00	59
消費税及び地方消費税の合計（納付又は還付）税額	㉖	42500	60

㉖＝（⑪＋㉒）－（⑧＋⑫＋⑲＋㉓）・修正申告の場合㉖＝⑭＋㉕
㉖が還付税額となる場合はマイナス「－」を付してください。

⑪・㉒又は⑫・㉓の記入をお忘れなく。

OCR入力用（この用紙は機械で読み取ります。折ったり汚したりしないでください。）

※税務署処理欄：（個人の方）振替継続希望／所管／要否／整理番号／申告年月日 令和　年　月　日／申告区分／指導等／庁指定／局指定／通信日付印／確認／確認書類 個人番号カード 通知カード・運転免許証 その他（　）／身元確認／指導年月日 令和／相談／区分1／区分2／区分3

中間申告の場合の対象期間　自 令和　年　月　日　至 令和　年　月　日

付記事項	有	無	
割賦基準の適用		〇	31
延払基準等の適用		〇	32
工事進行基準の適用		〇	33
現金主義会計の適用		〇	34
課税標準額に対する消費税額の計算の特例の適用			35

参考事項 区分	課税売上高（免税売上高を除く）千円	売上割合 %	
第1種			36
第2種			37
第3種			38
第4種			39
第5種			42
第6種			43

特例計算適用（令57③）　有　無　40

〇 税額控除に係る経過措置の適用（2割特例）　44

還付を受けようとする金融機関等：銀行・金庫・組合・農協・漁協　本店・支店・出張所・本所・支所／預金 口座番号／ゆうちょ銀行の貯金記号番号 －／郵便局名等

（個人の方）公金受取口座の利用

※税務署整理欄

税理士署名（電話番号　－　－　）

税理士法第30条の書面提出有
税理士法第33条の2の書面提出有

※　2割特例による申告の場合、⑮欄に⑪欄の数字を記載し、⑱欄×22/78から算出された金額を⑳欄に記載してください。

(xiv)「納付譲渡割額㉒」には、⑳－㉑の金額を記入します。本事例の場合は「9,300」を記入します。

(xv)「消費税及び地方消費税の合計（納付又は還付）税額㉖」には、⑪と㉒の金額の合計額を記入します。本事例では「42,500」と記入します。

(xvi) 右半分の「付記事項」欄は該当するものに○を付けます。本事例の場合はすべて「無」に○を付けます。

(xvii)「参考事項」欄は簡易課税により計算する場合に記入します。本事例では２割特例により計算しているため、記載する必要はありません。

(xviii)「税額控除に係る経過措置の適用（２割特例）」欄に○を付けます。

以上で消費税確定申告書の
記入が完成しました

「2割特例を利用されるみなさんへ」

2割特例は、令和5年10月1日から令和8年9月30日までの日の属する各課税期間に、免税事業者がインボイス発行事業者となる場合に適用される期限付きの制度です。
82ページなどで説明していますが、基準期間、特定期間の課税売上高が1,000万円を超える場合のように、適用要件を満たさないときは、本則課税、簡易課税によって税額を計算して、確定申告をする必要があります。
本則課税、簡易課税では帳簿およびインボイス等の保存、必要な届出などもあるので、これらに注意して準備を進めてください。

索　引

数字

あ行

か行

さ行

た行

な行

は行

ま行

や行

わ行

参考文献

〔国税庁資料〕

- 「消費税の仕入税額控除制度における適格請求書等保存方式に関するＱ＆Ａ」（令和５年10月改訂）
- 「お問い合わせの多いご質問」（令和５年12月）
- 「インボイス制度において事業者が注意すべき事例集」（令和５年10月改訂）
- 「消費税経理通達関係Ｑ＆Ａ」（令和５年12月改訂）

〔専門誌・書籍〕

- 「企業実務」2023年３月号ほか（日本実業出版社）
- 「週刊 税務通信」＃3782ほか（税務研究会）
- 『プロフェッショナル　消費税の実務（令和３年10月版）』金井恵美子　著（清文社）

山口　拓（やまぐち　たく）
山口拓税理士事務所 所長
「消費税に強い黒字経営ナビゲーター」として、タイムリーな業績把握と黒字経営を支援するため顧問先を毎月訪問して帳簿をチェックし、会計指導や経営助言を行っている。「事業の発展のためには、事業者自身が帳簿を作成することが不可欠である」との考えを持ち、主に関西の中小企業を中心に、会計帳簿を基にした経営支援に取り組む。関与直後に赤字決算から黒字決算への転換や黒字の継続、過去最高益の達成に貢献するなど多くの成功事例がある。平成30年には税務調査省略割合100%の実績を上げ、顧問先の経営者から絶大な信頼を得ている。「黒字経営体質の中小企業を増やし、社員やその家族を幸せにしたい」との信念をもって日々奮闘中。
著書に『ゼロからできる「消費税」節税の本』（自由国民社）、『図解 これならできる消費税の実務』（日本実業出版社）などがある。

○山口拓税理士事務所ホームページ
https://www.yamaguchitaku-office.com

インボイス導入で課税事業者になった人のための
はじめての消費税　経理と申告の基本がわかる本

2024年２月20日　初版発行

著　者　山口　拓
発行者　杉本淳一

発行所　株式会社日本実業出版社　東京都新宿区市谷本村町３−29 〒162-0845
編集部　☎03-3268-5651
営業部　☎03-3268-5161　振　替　00170-1-25349
https://www.njg.co.jp/

印刷／壮光舎　　製本／共栄社

ISBN 978-4-534-06081-5　Printed in JAPAN